清水書院

もくじ

古代・中世編

第1章 古代

Question 01 銅鐸にはどのような絵が描かれているの?
～古代人のくらし～（銅鐸絵画より） …… 6

02 古代の人々が思い描いた極楽浄土とは?
楽浄土の様子～（『天寿国繡帳』（中宮寺蔵）より） …… 8

03 古代の人々の色彩感覚はどうだったの?
～四神の図～（高松塚古墳壁画より） …… 10

04 「日本」の国号はいつ頃から使われだしたの?
～「国号日本」の碑文～（『井真成墓誌』より） …… 12

05 奈良時代の仏像にはどのようなものがあったの?
～天平文化の仏像～（東大寺法華堂不空羂索観音像） …… 14

06 密教で用いられる曼荼羅とはどのようなものなの?
～曼荼羅～（『教王護国寺両界曼荼羅』より） …… 16

07 平安時代の貴族の邸宅はどのようなものだったの?
～貴族の邸宅～（『駒競行幸絵巻』より） …… 18

08 「お迎えが来る」というのは、どういうこと?
～来迎図～（『高野山聖衆来迎図』より） …… 20

09 古代の人々は死者をどのように扱っていたの?
～墓地の様子～（『餓鬼草子』より） …… 22

第2章 中世

10 源頼朝はなぜ鎌倉を拠点に選んだの?
～鎌倉と鶴岡八幡宮～（航空写真） …… 24

11 中世の武士の館はどのようなつくりをしていたの?
～武士の館～（『一遍上人絵伝』より） …… 26

12 中世の武士はどのような生活をおくっていたの?
～武士の生活～（『男衾三郎絵巻』より） …… 28

13 中世の市場では何を売っていたの?
～備前福岡市～（『一遍上人絵伝』より） …… 30

14 時宗とはどのような教えだったの?
～踊念仏～（『一遍上人絵伝』より） …… 32

15 「縁起」という文献はどのようなものなの?
～年貢米の輸送（『石山寺縁起絵巻』より） …… 34

16 中世の大工はどのように仕事をしていたの?
～鎌倉時代の建築現場～（『春日権現験記絵巻』より） …… 36

17 なぜ女性ばかりが田植えをしているの?
～田植えと田楽～（『月次風俗図屛風』より） …… 38

18 連歌の会とはどのようなものだったの?
～連歌の会～（『慕帰絵』より） …… 40

19 応仁の乱での足軽はどのような兵士だったの?
～応仁の乱・足軽～（『真如堂縁起絵巻』より） …… 42

第3章　近世

近世編

- Question **20** 合戦で鉄砲はどのように使われたの？
  〜長篠の戦い〜（『長篠合戦図屏風』より） …… 46
- **21** 江戸時代の日本でも遠距離航海が行われていたの？
  〜朱印船〜（『朱印船の絵馬』より） …… 48
- **22** 江戸はどのような都市だったの？
  〜江戸の町〜（『江戸図屏風』より） …… 50
- **23** 出島はどのような場所だったの？
  〜出島〜（『出島阿欄陀屋舗景』より） …… 52
- **24** 江戸時代の交通の起点はどのような場所だったの？
  〜日本橋〜（『東海道五拾三次』より） …… 54
- **25** 越後屋はどうして繁盛したの？
  〜越後屋〜（『浮世駿河町呉服屋図』より） …… 56
- **26** 江戸時代の芝居小屋はどうなっていたの？
  〜歌舞伎の舞台〜（『中村座　仮名手本忠臣蔵十段目図』より） …… 58
- **27** 江戸時代の採掘現場はどうなっていたの？
  〜佐渡金山〜（『佐渡金山金掘之図』より） …… 60
- **28** 『解体新書』は辞書なしでどのようにして翻訳されたの？
  〜解剖図〜（『解体新書』より） …… 62
- **29** 佐倉惣五郎は実在した人物なの？
  〜佐倉惣五郎事件〜（『日本義民之鏡』より） …… 64
- **30** 江戸時代にも反対集会が行われていたの？
  〜天保義民事件〜（『夢の浮き橋』より） …… 66
- **31** 江戸時代にも近代的工場があったの？
  〜佐賀藩大砲製造所〜（多布施反射炉の復元図より） …… 68
- **32** 薩摩藩はどのようにしてイギリスと戦争をしたの？
  〜薩英戦争〜（『英艦入港戦争図』より） …… 70
- **33** 開港された横浜はどんな様子だったの？
  〜幕末の横浜〜（『横浜明細全図』より） …… 72

第4章　明治

近・現代編

- **34** どうして明治政府は岩倉使節団をすぐに派遣したの？
  〜岩倉使節団〜（明治神宮外苑聖徳記念絵画館の絵画より） …… 76
- **35** 西南戦争は庶民にどのように理解されていたの？
  〜西南戦争の頃の風刺画〜（『士族の商法』より） …… 78
- **36** 屯田兵はどのような生活をしていたの？
  〜屯田兵村〜（明治神宮外苑聖徳記念絵画館の絵画より） …… 80
- **37** 富岡製糸場はなぜ重要な工場だったの？
  〜富岡製糸場〜（『上州富岡製糸場之図』より） …… 82
- **38** 明治時代初期の銀座はどのような様子だったの？
  〜銀座通りの図〜（『東京名所之図』より） …… 84

近・現代編

Question 39 最初の憲法の発布はどのようにして行われたの？
～憲法発布式典～（明治神宮外苑聖徳記念絵画館の絵画より） …… 86

40 教育勅語とはどのようなものだったの？
～教育勅語捧読～
（『明治天皇御絵巻』昭和12年、大日本雄弁会講談社 所収より） …… 88

41 初期の帝国議会の様子はどうだったの？
～明治期の衆議院～（『帝国議会衆議院之図』より） …… 90

42 足尾銅山の周辺はどんなところだったの？
～明治期の足尾銅山～（『風俗画報（足尾銅山図会）』より） …… 92

43 日露戦争はどのような戦争だったの？
～旅順攻略戦の様子～（『日露戦争旅順要塞攻撃』より） …… 94

第5章　大正・昭和・平成

44 東京駅はいつ頃完成したの？
～戦前の東京駅～（『帝都丸之内東京駅の偉観』より） …… 96

45 戦前の東京ではどこが娯楽の中心地だったの？
～浅草～（『東京名所　浅草公園十二階附近之真景』より） …… 98

46 関東大震災によってどのくらいの被害が出たの？
～関東大震災～（『日本橋より魚河岸及三越呉服店附近延焼』より） …… 100

47 戦前の日本でも選挙戦をしていたの？
～選挙スローガン～（立憲政友会・立憲民政党選挙びらより） …… 102

48 ベルリン・オリンピックはどのような大会だったの？
～ベルリン・オリンピック～ …… 104

49 戦時中は買える衣服の量に制限があったの？
～衣料切符～ …… 106

50 真珠湾攻撃はどのようにして行われたの？
～真珠湾攻撃～（雑誌『キング』附録, 古島松之助画より） …… 108

51 アメリカの人々は原爆投下をどのように考えているの？
～原爆切手～ …… 110

付　録

日本史年表 …… 114

謎トキ 日本史 写真・絵画が語る歴史

古代・中世編

第1章 古代

Question 01 銅鐸にはどのような絵が描かれているの？
～古代人のくらし～（銅鐸絵画より）

弥生時代

弥生時代以前の日本については，文字による記録が少なく，遺跡から出土するものは当時の社会を知るうえで重要な役割をはたします。特に銅鐸に描かれた絵画は，人々が何を考えていたかを知る貴重な手がかりとなります。

❶絵のある銅鐸として最もよく知られているのは，江戸時代に香川県から出土したと伝えられる袈裟襷文銅鐸でしょう。その他には神戸市の桜ヶ丘神岡で発見された袈裟襷文銅鐸も絵画資料として優れています。描かれているものは，伝香川県出土銅鐸のA面には，クモとカマキリ，トンボ，魚をくわえたサギ2羽，魚をくわえたスッポン，イヌ5匹と共に弓矢でイノシシを狩る○頭の人，イモリ（ヤモリ・トカゲ？）とスッポン。B面にはトンボ，イモリ，シカを射る○頭の人，I字形の道具をもつ○頭の人，高床倉庫，杵と臼で何かをつく△頭の人が2人描かれています。

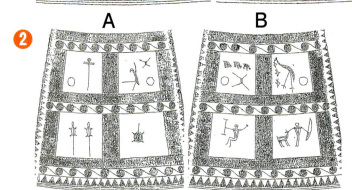

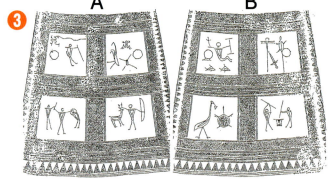

❷桜ヶ丘神岡4号銅鐸のA面には，クモとカマキリ，トンボ，スッポン，イモリ2匹。B面には，魚をくわえるサギ，四つ足の動物3匹とクモ，弓をもちシカの頭をつかむ○頭の人，I字形の道具をもつ○頭の人が描かれています。

❸桜ヶ丘神岡5号銅鐸のA面には，カマキリとカエルとクモ，カエルの脚をくわえるヘビと，棒をもつ△（○？）頭の人，弓とシカの角をもつ○頭の人，棒をもつ○頭の人と，その左右に△頭の2人の人。B面には，トンボ2匹とイモリ，I字形の道具をもつ○頭の人と魚3匹，杵と臼で何かをつく△頭の人が2人，魚をくわえるサギとスッポンが描かれています。

❶～❸これらの絵は作風がよく似ていて，同一の工房で連作されたようです。水辺の生き物が多いことに特徴があるのですが，そうすると脚とくちばしの長い鳥は，冬にしか見られないツルよりも，サギ，あるいは今は絶滅寸前ですが，当時は普通に見られたであろうコウノトリの可能性があります。特にコウノトリはサギに比べて人に対する警戒心が弱く，より身近であったと思われます。脚を広げた虫は8本脚の姿もありますから，クモということになるでしょう。

もう一つ注目されることは，捕食する場面が多いことです。また食べている場面ではありませんが，人が食料となるシカを捕らえています。またトンボやカマキリやクモはその餌の捕らえ方が特徴的なことで注目できます。そうするとI字形の道具は，布を織る道具である桛という説もあるのですが，魚の群れと共に描かれている場面もあり，魚具であるかもしれません。

人の頭が○と△に分けて描かれていることも注目できます。弓をもって鹿狩りをしている人はすべて○頭。またI字形の道具をもっている人もみな○頭です。それに対して臼と杵で何かをついている人は△頭です。このちがいは，狩猟や漁労は男の仕事，脱穀は女の仕事と理解すれば，うまく説明できます。そうすると3人の人が描かれている場面は，女に暴力を振るう男を，別の女が制止している場面かもしれません。

青銅製の武器や鏡が特定の個人の墓に埋葬されたのに対して、銅鐸は集落から離れた場所に、銅鐸の鰭を立てた状態や、大小の銅鐸を入れ子状態にして、意図的に埋納されています。また音の出る呪術性も考慮すれば、銅鐸は有力者の権威をあらわす所有物ではなく、稲作に関わる信仰をあらわす共同体の共有物であったということができるでしょう。

　現在までに500個をこえる銅鐸が発見されています。2015年にも淡路島で7つがまとまって発見され、今後も増える可能性は十分にあります。しかし具体的なものが描かれた銅鐸は約60個しかありません。これらの絵が何を意味しているのか、共通理解が得られるまでにはいたっていませんが、今後の新資料の発見と研究が待たれます。

❹絵以外の部分では、櫛歯文で満たされた鋸歯形の鋸歯文は鏡にもよく見られ、神聖や魔除けの意味があると考えられます。埴輪にも3角形の孔を連続して開けたものがあり、また渦巻文も神秘的・呪術的印象を与えます。直角に交差して画面を仕切る帯は僧衣の袈裟のように見えるので、「袈裟襷文」という銅鐸の呼称の由来になっています。また上部の2つの孔と最下部の2つの凹みは、鋳造時に外型と内型の間に、銅鐸金属の厚さの隙間を保持するため、型を支える型持のあった痕跡です。

❹

銅鐸絵画についてさらに説明しましょう

　これらの場面を総合し、考古学者の小林行雄氏は、早くから興味深い解釈をしています。それによれば、生き物はみな自分より弱い物を捕らえて生きてきた。しかし今は稲をつくり、倉には豊かに米が蓄えられている。弱肉強食の狩猟生活から、農耕生活へと移ったことを回想し、秋の収穫祭で銅鐸を鳴らして祖先を讃えたというわけです。描かれている生き物の多くと人の接点は水田であり、高床倉庫が描かれていることもあって、水稲耕作に関わるものであることは確かでしょう。また佐原真氏は、骨占に使われた骨の7割がシカであることから、弥生人の精神生活においては特別な意味をもっており、シカの絵は単なる狩猟の場面ではないと説いています。また春成秀爾氏は、シカは土地の精霊であり、常に水田にいるサギは稲の精霊と理解しています。

Question 02 古代の人々が思い描いた極楽浄土とは？

飛鳥時代 7世紀

～極楽浄土の様子～（『天寿国繡帳』(中宮寺蔵)より）

6世紀の前半に日本に仏教が伝えられると，日本人の宗教観は一変します。厩戸王（聖徳太子）の冥福を祈ってつくられたという天寿国繡帳から，当時の人々が死後の世界をどのようにとらえていたかを見てみましょう。

厩戸王（聖徳太子）の母である穴穂部間人皇女（間人皇后）の宮殿を寺としたと伝えられる中宮寺には，厩戸王の死にまつわる天寿国繡帳が伝えられました。「天寿国」とは，厩戸王が往生したとされる浄土のことで，極楽浄土を意味する「無量寿国」を略した「无寿国」の誤記という説があります。「繡帳」は「刺繡の帳」という意味で，日本最古の刺繡ということができます。

　繡帳には甲に漢字4文字を背負った亀が縫い取られています。これは繡帳制作の経緯を述べた銘文の一部で，別に伝来した小断片に残る亀も含めて5匹の亀が残存し，20字が明らかになっています。そしてこの銘文は，『上宮聖徳法王帝説』に引用されていて，400字の全文がほぼ明らかです。つまり本来の繡帳には，100匹の亀がいたことになるのです。

　襷掛けの女性の服装が，高松塚古墳の女性の服装とよく似ていますが，この繡帳の図柄を描いた人物が朝鮮半島からの渡来系の名前であることからして，高句麗系のファッションであると考えられています。

❶さて絵解きですが，これは極めて難解です。厩戸王は法華経の注釈書である『法華義疏』をあらわす程に法華経に造詣が深く，法華経に述べられているいくつかの場面を視覚的に表現したものと考えられています。

❷上段右の部分には，中央の蓮華から化生する菩薩らしき像，その右下には，蓮華をもって供養する2人の男子像が見えます。

❸左下部には，連珠文が直角に折れ曲がる部分がありますが，これは上段右図が，本来は繡帳の左下の部分であったことを示しています。

❹中段右の部分には，亀の左右に化生する菩薩が2体，左の像の下方で跪拝する3人の人物が見えます。

❺左上部と右下部には，肩から襷を掛ける女性がいます。襷掛けの女性は埴輪にその例があり，何らかの儀礼に関係する巫女的な女性かもしれません。

❻中段左の部分には，中央に金剛杵をもつ執金剛神が座っています。左上方には3人の比丘と香炉が描かれています。

❼下段右の部分には，鐘をつく僧と3人の人物が描かれています。

❽上段左の部分には，蓮華上に化生する菩薩，左上部には月があります。その中には兎と壺と樹木が見えますが，月に兎がいるという理解は，中国の戦国時代後期の『楚辞』以来のものであり，また唐代には月桂樹に兎と蟾蜍（ひきがえる）を描いた月宮鏡がたくさんつくられています。法華経の世界をあらわす繡帳の中に，神仙思想の要素が見られることが興味深いことです。

❾右上部には鳳凰に似た鳥と，甲に4文字を背負った亀がいます。

『天寿国繡帳』（中宮寺蔵）についてさらに説明しましょう

　天寿国繡帳の伝来には実に不思議な経緯があります。1274年（文永11），中宮寺の尼僧の信如が，寺の開基である穴穂部間人皇女の命日を知りたいと思っていたところ，夢告により，それを記した曼荼羅が法隆寺の蔵にあることを知りました。そして翌年にその曼荼羅，つまり天寿国繡帳曼荼羅を発見し，刺繡されていた銘文により命日を知りました。しかしすでに相当傷んでいたので，そっくりの模本をつくらせました。そしてこの新旧2つの繡帳は江戸時代にはさらに破損が進み，享保年間には断片と化していました。それを安永年間に新旧の断片を寄せ集めて軸装としたというのです。

　ということは，現在伝えられている天寿国繡帳は縦が88.8cm，横が82.8cmありますが，新旧の繡帳が継ぎ合わされていることになります。現在伝えられているものは，一目でもすぐにわかるように，上下に3段，左右に2列，計6枚の断片が脈絡もなく継ぎ合わされています。そして比較的保存のよい上段左と中段左右の3枚が古い繡帳で，残りは鎌倉時代の複製であるといいます。

　『上宮聖徳法王帝説』によると，621年（推古天皇29）の12月21日，穴穂部間人皇女（厩戸王の母）が亡くなり，翌年2月22日に，厩戸王も亡くなりました。（銘文には記されていませんが，厩戸王の妃の一人である膳大郎女が，厩戸王の亡くなる前日に亡くなっています。）そこで（厩戸王の4人の妻の一人である）橘大郎女は哀しみ嘆いて，（祖母にあたる）推古天皇に訴えました。「私の大王とその母君が相次いで亡くなり，これほど辛いことはありません。私の大王は『世間は虚仮にして，唯仏のみ是れ真なり』とおっしゃいました。この法を思うに付け，大王は天寿国にお生まれになったと思います。しかし彼の国をこの目で見ることはできません。それで図像により大王の往生した様子を見たいと思います。」と。天皇はもっともなことと思い，采女に命じて2張りの刺繡をつくらせました。図柄を描いた者は東漢末賢，高麗加西溢，漢奴加己利であり，制作を指揮した者は椋部秦久麻である，というのです。

Question 03 古代の人々の色彩感覚はどうだったの？
白鳳時代 7世紀
～四神の図～（高松塚古墳壁画より）

色彩感覚は文化や時代によって異なるものですが，古代の遺跡から日本人の色彩感覚のルーツを探ることができます。高松塚古墳の壁画から，当時の人々の色彩感覚について考えてみましょう。

❶

❶玄武とは亀と蛇が合体した空想上の神獣のことで，「玄」は黒のことです。「玄米」は白米に対する「くろ米」であり，「玄人」は「くろうと」と読み，「玄武岩」はその色が黒いことによる呼称です。高松塚古墳石室の北壁に描かれています。

❷

❷青龍は青，ただし日本古代の「青」は緑をも含む幅広い色調でした。なお，朱雀は朱（赤），白虎は白です。高松塚古墳石室の東壁に描かれています。

❶・❷このような四神の像は，高松塚古墳の南約1kmにあるキトラ古墳壁画にも描かれています。高松塚古墳では朱雀像は石室の南壁に描かれていたと推定されていますが，おそらく盗掘のため剥落し，玄武も剥落部分がかなりあります。しかしキトラ古墳ではともに色鮮やかに残っています。他には薬師寺金堂の薬師如来像台座にも四神の浮き彫りが施されています。

1972年（昭和47），直径わずか18mの小さな高松塚古墳から，色鮮やかな古墳壁画が発見されました。壁画は東西北の壁と天井にあり，五行思想に基づく四神・日月・星宿・男女群像などが，極彩色で描かれていました。また華麗な副葬品から被葬者は当時第一級の人物で，古墳の築造年代は8世紀初頭と推定されました。

　唐の則天武后の孫娘永泰公主墓には，青龍・白虎・男女群像が描かれ，他にも墓室の壁に四神を描いた例があります。一方，高松塚古墳の女性像の服装は唐風ではなく，高句麗の古墳壁画の女性像に酷似しています。また高句麗の古墳にも四神が数多く描かれていることから，朝鮮経由で伝えられた唐の文化の影響を受けているものと理解できます。

　最も色鮮やかで保存状態のよい壁画は女性の群像であるため，四神像はつい見逃されがちですが，現代文化への影響という視点から，なかなか興味深いものです。四神は視覚的には，蛇と亀が合体した玄武，青龍，朱雀，白虎の神獣として表現されます。それらの神獣の名はみな色を冠していて，四神にはそれらの色が配されます。

四神思想についてさらに説明しましょう

参考：キトラ古墳南壁の朱雀

　四神には四方と四季が配されます。玄武には北と冬で，北が冬のイメージと重なるのは自然なことです。ただしこれは北半球の話で，南半球では逆になります。青龍には東と春。春風を「東風」と書き「こち」と読むことは，菅原道真の「東風吹かば…」の歌でよく知られています。しかし文字通り「東から吹く風」と理解するのは正しくありません。この場合の「東」は「春」のことですから，「東風」は「春風」のことです。皇太子を意味する「東宮」は，訓読みでは「はるのみや」と読みます。また王朝和歌には，春が東から来ると理解していた歌がたくさん伝えられています。若々しく元気な青年時代を「青春」というのも，四神思想によって人生を四季にたとえた言葉です。朱雀は南と夏で，灼熱のイメージでしょうか。平城宮の正面から南方に伸びる大通りは「朱雀大路」と呼ばれました。白虎には西と秋で，会津藩の白虎隊はよく知られています。ちなみに会津藩には玄武隊・青龍隊・朱雀隊もありました。また王朝和歌には，秋は西から来ると理解していた歌もたくさんあります。

　また四神には地勢・地形が配され，北の玄武には山（丘陵），東の青龍には川，南の朱雀には池（湖沼），西の白虎には大道にあたると理解されました。そしてこれらの条件を満たした場所が，四神に守護された「四神（四禽）相応の地」として，遷都の際に考慮されました。ただし平城京遷都の詔には，「方今，平城之地，四禽図に叶ひ」と記され，四神相応の地とされてはいますが，具体的にどの地形が何にあたるのかには触れられていません。また平安京遷都の詔は残存しませんが，「四禽図に叶ひ」というような文言はあったことでしょう。

　現在では一般に，青龍は賀茂川，白虎は山陰道，朱雀は巨椋池，玄武は船岡山や北山に対応すると理解され，いわゆる「風水」の流行も相俟って，いかにも平安京遷都の頃からそのように理解されていたかのように説明されることがありますが，そのような史料や事実はありません。しかし鎌倉幕府が編纂した歴史書である『吾妻鏡』によれば，鎌倉の西には大道が南行し，東に河（滑川）があり，北には鶴岳（鶴岡八幡宮の背後の大臣山）があり，南には池に準ずる海がありますので，「四神相応勝地」とされています。道などいくらでも理由付けができそうですから，理屈といえば理屈なのですが，鎌倉幕府が四神思想により，鎌倉の立地を理論付けようとしたことは確かです。

　また『続日本紀』大宝元年（701）の元日朝儀に際して，「天皇御大極殿受朝。其儀於正門樹烏形幢。左日像青龍朱雀幡。右月像玄武白虎幡」と記されています。天皇が大極殿で朝賀の挨拶を受けましたが，その儀式では正門に烏の形をした幢を立て，その左側に日像，青龍，朱雀の幡を立てました。右側には月像，玄武，白虎の幡を立てたといいます。これらの幢や幡は，のちに即位式にも用いられていますが，高松塚古墳・キトラ古墳・薬師寺薬師如来像はいずれも白鳳期の文化であり，文武天皇も時期的に共通しています。四神思想は白鳳期を頂点として，姿を少し変えつつも，現代の文化にも伝えられているのです。

　両国国技館の土俵の上の屋根に下げられている色房は，方角により，北の黒房・東の青房・南の赤房・西の白房となっていて，神聖な土俵を四神が守護していることをあらわしているのです。また寺院でよく見かける赤・白・緑（青）・紫・黄の五色の幕の色も，四神の色に由来しています。黒は意図して避けられたのか，黒にかわって紫が用いられています。黄色は中央や天子を示す色で，天子専用の色でした。「五色の短冊」「五色の吹き流し」もみな同じことです。

Question 04 白鳳時代 8世紀

「日本」の国号はいつ頃から使われだしたの？
～「国号日本」の碑文～（『井真成墓誌』より）

「日本」という国号が正式に定められたのは，701年の大宝律令によるとされていますが，それを裏付ける史料が中国でも見つかっています。ここではその一つを紹介します。

❶

❶墓誌とは，死者の経歴や哀悼の言葉が刻まれた石板で，死者とともに地下に埋葬されます。埋葬するのは，地下の冥界の支配者に死者の経歴を紹介するためと信じられたからで，地上に建立する墓碑とは異なります。日本でも『古事記』の編者である太安麻侶（安万侶）の銅板製の墓誌が文字面を伏せた状態で発見されましたが，これも中国の影響を受けたものでしょう。

2004年（平成16）10月，日本から入唐して客死した，日本ではそれまで知られていなかった留学生の墓誌が公表され，大きな話題となりました。墓誌はそれ以前に，中国の古都である西安郊外で行われた工事の現場で，偶然に発見されていました。パワーショベルで乱暴に掘り出され，不法工事であったため，秘密裏にすぐに民間の文物市場に売り出されていたものを，西安市の西北大学の学者が，「国号日本」という文言を含むことの重要性にいち早く気付き，これを買い取ったことは実に幸運でした。ただし墓そのものはすでに破壊されており，掘り出された正確な時期や場所，また埋葬状況や副葬品については全くわかりません。

　墓誌の形状は，一辺39.5cm四方，厚さ10.5cm，1行16字詰めで12行，計171文字が端正な楷書で陰刻されています。ただ残念なことに各行の1文字目は発掘の際にパワーショベルが接触したためか，欠損してほとんど判読できません。

❷
贈尚衣奉御井公墓誌文幷序
公姓井字眞成國號日本才稱天縱故能
□命遠邦馳騁上國蹈禮樂襲衣冠束帶
□朝難與儔矣豈圖強學不倦聞道未終
□遇移舟隙逢奔馹以開元廿二年正月
□日乃終于官弟春秋卅六　　　皇上
□傷追崇有典詔贈尚衣奉御葬令官
□卽以其年二月四日窆于萬年縣滻水
□原禮也嗚呼素車曉引丹旐行哀嗟遠
□兮頽暮日指窮郊兮悲夜臺其辭曰
□乃天常哀茲遠方形既埋于異土魂庶
歸于故鄉

❷　読み下しと解釈については，難解な表現があり，諸説もあって一定していませんが，一応の通釈を試みました。

　「贈　尚衣奉御，井公の墓誌文，ならびに序。公は，姓は井，名は真成，国号は日本。才は天が縱す程に稱い，故に能く国命により遠邦まで上国（中国）に馳せ来たった。礼楽を踏み行い，衣冠を襲ね束帯して朝（朝廷）に立つならば，与に儔ぶことは難しい。豈に図らんや，学を強めて倦まず，道を聞くこと（学問）の未だ終わらずして，月日が流れる舟や駆ける駟（馬車）の如く過ぎ去ろうとは。開元二十二年正月□日，官舎で亡くなった。年齢は三十六歳。

　皇帝（玄宗）はこれを傷み，追贈の典礼により，詔して尚衣奉御の官職を贈り，葬儀は官によって行わせた。そして其の年の二月四日に万年県の川の原に礼により葬った。ああ，暁に葬礼の車（素車）が引かれ，葬礼の赤い旗（丹旐）は哀しみを表した。遠いことを嗟いて，日が暮れて思いは頽れ，遠く郊外の夜台（墓所）に至れば悲しむ。其の辞に曰く『□は乃ち天の常であるが，哀れにも遠方である。身（形）は既に異国の地に埋められたが，魂は故郷に帰ることを庶う』と。」

井真成墓誌についてさらに説明しましょう

　この井真成がいったい誰なのか，大いに興味が湧くところですが，この墓誌銘以外に手がかりはありません。日本には「井」1字の姓はありませんから，唐風の姓であることは確かでしょう。改名の方法としては，小野妹子が「蘇因高」としたように，日本語の音を唐風に音訳する方法。阿倍仲麻呂が「朝臣」の「朝」と「仲」を「均衡」の意味に理解して「朝衡」と称したように，名前の意味を唐風に意訳する方法。また姓の1字を採り，名は音訳かそのまま用いるという方法も考えられます。それについては，「井」の字を含む渡来系氏族である「葛井」や「井上」という説があり，大阪府藤井寺市では，市をあげて井真成の出生地ということにしてしまい，井真成を冠した日本酒や饅頭まで売られています。こうして史実が不明確であるにもかかわらず，既成事実がつくられていくのかもしれませんが，「井」1字の姓は中国では古い起原をもっていて，中国の姓という可能性も捨てきれません。

　井真成が入唐したのは，その年齢からして717年（養老元）の遣唐使に随行したものでしょう。時に19歳で，玄昉や吉備真備，玄宗皇帝に重用された阿倍仲麻呂らと同期です。仮に717年の入唐とすれば，734年に亡くなるまで，18年間在唐したことになります。皇帝から贈られた「尚衣奉御」という官職は，皇帝の衣服を管理する皇族専就の重職で，位階が一品から九品まである唐の位階の中では従五品上に相当します。五品以上が皇帝に拝謁を許される殿上人ですから，外国人留学生としては破格の待遇でした。ただし「贈」というからには，生前にその役に就いていたわけではありません。もしそうならば「故」と表記されるはずです。また官費で葬儀が行われたということも考え合わせれば，余程に玄宗皇帝から重用されたものと思われます。同期の阿倍仲麻呂は入唐5年で難関の科挙に合格し，高級官僚の道を昇りました。しかし仲麻呂が従五品下に昇進したのは，真成が死去した翌年です。真成の位階官職は贈位であることを割引いたとしても，真成も仲麻呂と同程度の昇進をしていたことになります。もし異国で夭折することがなかったならば，さぞかし活躍したことでしょう。

　「国号日本」の表記は，中国における日本の国号を記した中国最古の金石文として注目されました。日本の国号の表記が「倭」「大倭」から「日本」にかわったのは天武朝とされ，701年の大宝律令によって正式に定められたとされています。そして702年の遣唐使によって則天武后時代の唐に伝達されました。そして井真成墓誌の発見は，そのことを実証する中国最古の史料と理解されました。しかし近年，それより古い713年の「徐州刺史杜嗣先墓誌」に「皇明遠被，日本来庭（日本の使者が来朝した）」という文言があるとの指摘があり，疑義も出されています。

Question 05

奈良時代 8世紀

奈良時代の仏像には どのようなものがあったの？
～天平文化の仏像～ （東大寺法華堂不空羂索観音像より）

　奈良時代に栄えた天平文化というと，東大寺の大仏など，仏像を最初に連想する人も多いのではないでしょうか。東大寺法華堂に伝わる仏像を題材に奈良時代の仏像について見てみましょう。

東大寺法華堂本尊の不空羂索観音像は，天平彫刻の特徴的技法である乾漆像で，粘土で原形をつくった上に麻布を漆で貼り固め，乾燥してから中の粘土を取り除き，木粉と漆を混ぜた木屎漆で細部を仕上げた脱乾漆造によってつくられています。また全体に金箔が押され，当初は燦然と光り輝いていたことでしょう。像高は362cmもあります。宝冠は純銀製で，2万数千個の翡翠・琥珀・真珠・瑪瑙・水晶・瑠璃（ガラス）の玉が散りばめられています。

　不空羂索観音像は日本では非常に例が少ない観音菩薩像です。造像の根拠となった『不空羂索呪経』『不空羂索陀羅尼経』などによれば，肩に鹿革を掛け，何本もの腕があり，蓮華・水瓶・数珠・羂索・三叉戟（三つ叉の鉾）を執るとされていますが，法華堂の不空羂索観音像も4対の腕（八臂）をもち，鹿革を肩に掛け，蓮華や羂索をもち，三叉戟のかわりに形の似ている錫杖をもっています。「不空羂索」の「不空」とは「誓いは確実で空しくない」という意味，「羂索」とは捕縛用の縄のことですから，「衆生を縄で引き揚げて救済するという誓願が空しく終わることはない」という意味になります。

❶ 像は不空羂索観音の定石通り，左肩から腕にかけては鹿革を掛けていて，合掌する掌の間には水晶珠が挟まれています。他に蓮華・羂索・錫杖をもっていますが，これは後につくられたもののようです。

❷ 像が立っている須弥壇は黒漆塗りで八角形の二重壇になっていますが，観音像が八角形の台座に立っていたり，八角堂に収められていたりする場合は，そのことに大きな意味があります。観音菩薩の浄土は補陀洛浄土（補陀洛山）とされていますが，その位置については諸説があります。しかし『華厳経』や『大唐西域記』などに述べられていることを総合すれば，補陀洛浄土は南インドかその海上にあり，八角形をしていると信じられてきました。ですから観音像については，その八角形が何らかの形で意図して採り入れられているのです。救世観音像の収められる法隆寺夢殿や興福寺南円堂などはみなこの例です。ついつい像に目が奪われますが，台座にも注目したいものです。なおついでのことですが，以上のようなわけで，観音菩薩像を祀る観音堂は，谷を見下ろすような場所に立地することが多いものです。清水寺などはその典型ということができるでしょう。

❸ 不空羂索観音像を正面からまじまじと拝観すると，どこか密教的で異様な感じを受けますが，その理由は額の間の縦長に見える第三の目でしょうか。この第三の目は，実はヒンドゥー教，あるいはヴァラモン教の影響を受けたものです。『不空羂索呪経』では，その姿は「自在天の如し」と説かれているのですが，自在天とは，実はヒンドゥー教の主神の一つであるシヴァ神の漢訳名のこと。シヴァ神像には同じように複数の腕があり，三叉の鉾をもち，毛皮をまとったり，額に全く同じ形の第三の目をもっているのです。日本の観音信仰では，『法華経』を根拠として慈悲深い救済者としての姿が強調されてきましたが，観音菩薩は「観自在菩薩」とも漢訳されたように，自在天，即ちシヴァ神に代表されるヒンドゥー教の特徴を採り入れながら，多くの腕をもつ密教的観音像として発展したのでした。

❹ 柱と柱を水平の横木を渡して補強するのは，和風建築の特徴の一つです。

東大寺法華堂不空羂索観音像についてさらに説明しましょう

　乾漆像は手間がかかり漆が高価であることから，造像には相当の費用がかかるものです。また宝冠だけでも高価だったはずですから，これだけの大きさの像をつくるには，余程の経済力がなければできないのに，造像に直接言及する史料が全くないのは大きな謎となっています。しかし諸説の認めるところでは，大仏開眼の直前には完成していたとされ，大仏造立の国家的プロジェクトと無関係ではなさそうです。

　また，現在は移動していますが本尊の左右には脇侍として，塑像の日光・月光菩薩像が静かな微笑みを浮かべて合掌していました。当初は鮮やかに彩色が施されていたのでしょうが，現在は剥落して雲母混じりの粘土が露出しています。像高はそれぞれ207cmと205cmもあるのですが，堂々とした体躯の本尊の脇に立つと，大きさは感じられません。

　しかしこの両菩薩像には大きな謎があるのです。よく観察してみると，他の菩薩像には必ず見られる宝飾品を身に着けていません。菩薩像は修行中の釈迦を一つのモデルとしていますから，王子の身分に相応しい宝飾品をまだ身に着けていることが一般的なのです。また日光・月光菩薩は薬師寺の薬師三尊像のように薬師如来の脇侍であって，不空羂索観音とセットになることはありません。両脇侍を「日光・月光菩薩」とすることは古記録にはなく，江戸時代の元禄年間の『東大寺諸伽藍略録』に初めて現われます。

　以上のことから，この両像は本来は日光・月光菩薩ではなく，像名は不詳であり，どこかの堂から移された客仏であると考えられるのです。しかしその来歴の如何にかかわらず，その芸術的気品が損なわれるわけではありません。現在では，免震装置を備えた東大寺ミュージアムに移されています。

Question 06

平安時代
9世紀

密教で用いられる曼荼羅とはどのようなものなの？
～曼荼羅～（『教王護国寺両界曼荼羅』より）

　大日如来を本尊とし，秘密の呪法などによって悟りにいたろうとする仏教の一派を密教といいます。日本には平安初期に空海によってもたらされ，貴族の間に浸透していきました。密教の特徴の一つである曼荼羅を見てみましょう。

　曼荼羅には，胎蔵界曼荼羅と金剛界曼荼羅の二種類があります。まずは胎蔵界曼荼羅から見てみましょう。「胎蔵」とは「大悲胎蔵生」ともいい，子供が母親の胎内で育つように，大日如来の大慈悲により，本来内在していた悟りの本質が育ち生まれてくることを意味しています。胎蔵界曼荼羅は大日如来を中心にして，400余の諸尊が，方形の12の「院」と呼ばれる区画に整然と分けられています。中心の正方形の院が中台八葉院で，その上下には4重に，左右には3重に，しだいに外側に広がっていくように院が区画され，大日如来の徳が中心から外に向かって広がり，衆生を救済していく過程が示されています。それを逆転して見れば，救いを求める衆生が大日如来に導かれて，悟りの世界である中心へ向かって収束する過程を示しているともいえるでしょう。それぞれの院は，そこに配された諸尊によりそれぞれ異なった働きをもっているのですが，それを厳密に理解することは極めて難解です。ですからそこに配された主尊の功徳や性格を理解すれば，それぞれの院のもつ意味が概ね理解できるでしょう。

❶中台八葉院には8枚の花弁をもつ蓮華があり，中央には大日如来が腹の前で両手を組む「法界定印」を結んで座っています。大日如来は宇宙に満ちる不滅の真理そのものを仏格化した仏の中の仏で，その功徳は万物に及び，広大無辺な慈悲により万物を育成するとされています。その周囲には4体の如来が東西南北に座っています。西（図では下）には西方極楽浄土の主尊阿弥陀如来が座っています。

❷中台八葉院の上の区画を遍智院といいます。遍智院の中央の3角形の火焔は「一切如来知印」（一切遍智印）と呼ばれ，如来の智慧の光明であるとともに，煩悩を焼き尽くして智慧に目覚めさせる炎でもあります。

❸中台八葉院の下の区画を持明院といいます。持明院の中央には，柔和な表情の般若菩薩が坐し，その左右には真黒な肌に忿怒の形相をした不動明王・大威徳明王・降三世明王などが配されています。

❹蓮華部院（観音院）は馴染みのある如意輪観音や不空羂索観音などの観音菩薩によって構成されています。

❺金剛手院には金剛杵などの力強い武具を執る菩薩が配されていて，慈悲を表わす蓮華部院に対応しています。

❻釈迦院は釈迦如来を中心にして，虚空蔵菩薩や観音菩薩などの諸菩薩によって構成されています。

❼虚空蔵院は虚空蔵菩薩を主尊として，その名の如く広大無辺の虚空のように，あらゆるものを自在に産み出す功徳をあらわしています。

❽地蔵院は地蔵菩薩を主尊として，大地のように忍耐強く魔の誘いに耐え，衆生の苦しみを除く功徳をあらわします。

❾除蓋障院は除蓋障菩薩を主尊として，衆生の蓋障となる煩悩を取り除く功徳をあらわします。

❿文殊院は文殊菩薩を主尊として，衆生に真理を悟らせる智慧を与える功徳をあらわします。

⓫蘇悉地院の「蘇悉地」とは，悟りにいたることを意味していて，金剛院や蓮華院の働きをさらに成就させることを意図しています。

⓬外辺を囲む外金剛部院は，曼荼羅の内院を守護する働きをもち，バラモン教から仏教に取り込まれた護法神などによって構成されています。

曼荼羅とはサンスクリット語のmandalaの音写で、「本質・真髄」を意味するmandaと、「所有」を意味するlaという接尾語からなり、「本質（悟り）をもつもの」という意味です。ですから曼荼羅は絶対超越的存在である大日如来（音訳すれば摩訶毘盧遮那）の悟りの境地をあらわしています。もう少し補足するならば、密教における世界観や悟りの境地などを、仏像やそのシンボルによって象徴的に表現した絵図ということができます。曼荼羅にはそれぞれよって立つ経典があります。大日経を典拠に描かれたのが胎蔵界曼荼羅、金剛頂経を典拠とするのが金剛界曼荼羅で、合わせて両界曼荼羅と呼ばれます。これを初めて日本に伝えたのは空海で、『空海請来目録』によれば、長さはそれぞれ約５mもありました。

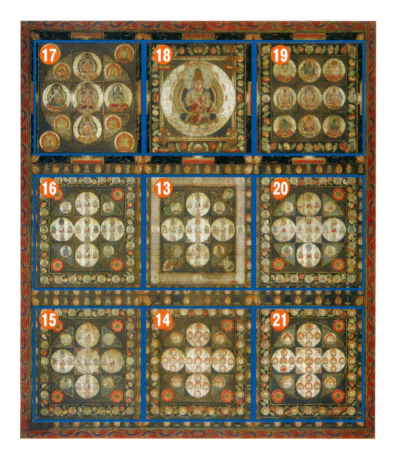

　続いて金剛界曼荼羅ですが、そもそも「金剛」とはダイヤモンドのことで、大日如来の智慧である「金剛智」が、決して傷付いたり揺らぐことのない絶対的なものであることを象徴しています。ただし仏の世界の「智慧」とは賢いことを意味する「知恵」とは異なり、物事をありのままに把握し、本質を見極める宗教的な力を意味しています。金剛界曼荼羅は、そのような大日如来の智慧の世界を表現したもので、諸尊の集まりを意味する「会」「集会」と呼ばれる9つの区画から構成されていることから、「九会曼荼羅」とも呼ばれます。視覚的な特徴としては、「会」の中が「月輪」と呼ばれる大中小の円の組み合わせによって構成されていることです。

　金剛界曼荼羅は9つに区画されていますが、実はそれぞれの区画が相互に関係し合って、一つの流れをつくっているのです。それは中央⓭の成身会から始まり、その下方⓮に三昧耶会、その左⓯に微細会、上に供養会と四印会、さらに順に、一印会、理趣会、降三世会、降三世三昧耶会にいたる右回りの流れです。この流れは「向下門」（「下転門」）と呼ばれ、如来の悟りの世界から衆生済度に向かう救済の過程をあらわしています。そしてこの流れと正反対に左回りに遡る流れは「向上門」（「上転門」）と呼ばれ、衆生が如来の悟りを求めて修行する、俗世界から仏の聖なる世界へいたる過程をあらわしています。

⓭最も重要なのは中段中央の成身会で、5つの中月輪のそのまた中心の小月輪の中心には、あまねく真理の光明を照らす大日如来が、まるで忍者のような智拳印を結んで座しています。またその中月輪を囲む上下左右の中月輪の中心には、阿閦如来・宝生如来・無量寿如来（阿弥陀如来）・不空成就如来の四仏が座しています。

⓮三昧耶会は、成身会の諸尊の働きを、それぞれを象徴する「三昧耶形」と呼ばれる持物（例えば聖観音ならば蓮華、不動明王ならば倶利伽羅剣など）などで象徴的にあらわした集会図で、成身会と重複させて理解できます。

⓯微細会は、成身会の諸尊を智慧のシンボルである金剛杵によって象徴的にあらわした集会図です。

⓰供養会は、成身会の諸尊の活動をあらわした集会図で、各諸尊の持物を蓮華の上に乗せて両手で奉げもって供養する姿として表現されています。

⓱四印会は、成身会・三昧耶会・微細会・供養会の四会を合わせ、わかりやすく簡略化してあらわした集会図です。

⓲一印会は智拳印を結んだ大日如来が一尊だけで描かれています。それは金剛界曼荼羅の諸尊すべてが大日如来一尊に集約されることをあらわしています。

⓳理趣会は、万物は人間の煩悩をも含めて本来は本質的に清浄であることを明らかにし、即身成仏の教義を説く『理趣経』に基づく集会図で、ここには大日如来は見当たりません。

⓴降三世会は、成身会の諸尊のうち金剛薩埵が降三世明王に姿を変えた集会図で、忿怒の形相の降三世明王が、力尽くで心の弱い衆生を教化することをあらわしています。

㉑降三世三昧耶会は、降三世会の諸尊を三昧耶形で象徴的にあらわした集会図です。

Question 07 平安時代の貴族の邸宅はどのようなものだったの？

平安時代 11世紀

〜貴族の邸宅〜（『駒競行幸絵巻』より）

平安時代の摂関政治の頃は，国風文化と呼ばれる貴族を担い手とする文化が花開いた時期でもあります。寝殿造と呼ばれる当時の貴族邸宅の様子を絵巻物で見てみましょう。

❶ 絵図の中央は，寝殿に南面して出御した後一条天皇が大床子の上に座っているのですが，姿は描かれていません。

❷ 皇太子は平座に錦の褥を敷いた上に，皇太子専用の色である黄丹の束帯を着て座っています。天皇は南面して座るということ，皇太子は「東宮」とも呼ばれ，天皇の東側に座っていることも確認しておきましょう。ちなみに国技館の他多くの貴賓席は，現在も南面するように設けられています。

❸ 御簾の下からのぞいている女房装束は，「打出」と呼ばれる一種の装飾で，行幸や特別の佳儀の際に，袖口の色も美しく重ねた女房装束を，几帳と呼ばれる柱に掛けて，さもそこに女房がいるかのように置いたものです。華やかさを演出する装飾ということができるでしょう。

❹ 束帯姿の殿上人たちは，束帯の下襲の裾を高欄に掛けて，簀子に座っています。この長い裾は「裾」と呼ばれ，男性貴族のファッションの見せ所でした。しかしこれだけ裾が長くなると何かと不便なため，座る時は折りたたんだり高欄に掛けたりしました。普段は年齢や身分や季節によって様々なしきたりがあったのですが，行幸や行啓など特別な日には，その日だけ特別な色や織の裾が許されることがありました。これを一日だけ晴れの装束が許されるので，「一日晴れ」といいます。この絵図では天皇の行幸と皇太子の行啓（皇后・皇太后・皇太子・皇太子妃の外出）が重なった行幸啓が描かれていますから，思い思いの裾をここぞとばかりに見せているわけです。

『栄華物語』の万寿元年（1024）9月には，藤原頼通邸である高陽院で催された競馬に，後一条天皇，東宮（皇太子，のちの後朱雀天皇），皇太后である彰子（藤原道長の娘）が行幸啓したことが記されていますが，その時の光景を描いたのが『駒競行幸絵巻』です。

摂関政治の最盛期には，天皇はしばしば外戚の邸宅を事実上の内裏とすることが多く，「里内裏」と呼ばれました。里内裏に移る直接のきっかけは多くの場合は内裏の焼亡で，仮御所としての意味があったのですが，しだいに里内裏が事実上の内裏となりました。それは国家的儀礼が貴族の私邸で行われることであり，藤原氏繁栄の背景となりました。実際，内裏はよく火災にあいました。摂関政治の最盛期である一条天皇から三条・後一条・後朱雀・後冷泉天皇までの約80年間に，なんと8回も焼けているのです。この絵巻に描かれた高陽院は平安初期からあったのですが，のちに頼通の所有となると敷地が拡張され，約250m四方もある大邸宅が営まれました。さらに後冷泉天皇以後5代の天皇の里内裏となり，その後，焼亡と再建を繰り返しましたが，後鳥羽上皇の院御所となり，承久の乱の謀議もここで行われました。

❺ 殿上の簀子に，顔の左右に緌という武官専用の冠飾を着け，矢を背負った人物が見えます。ただ三位以上の武官は文官と同じ装束ですから，黒い束帯を着ているこの人物は，四位の武官であるということがわかります。

❻ 高欄の下には3人の近衛の武官が弓をもって控えています。

❼ 池には反橋が架けられ，手前の中島には大太鼓の一種の火炎太鼓や鉦鼓などが置かれ，雅楽が演奏されています。

❽ 池に浮かぶ一対の龍頭・鷁首の舟でも大太鼓などが演奏され，4人の童が棹差となって漕いでいます。橋の右にあるのが，よく水を渡るとされる竜に擬えた龍頭の舟，左が，風によく耐えて大空を飛ぶとされる鷁に擬えた鷁首の舟です。

❾ 洲浜には帝の長寿を寿ぐ鶴亀の置物が置かれ，これもまた長寿を寿ぐ白菊が咲いています。当時の菊は，ほとんど白しかありませんでした。

❿ 植栽には松や紅葉する楓が見えますが，描き方が類型化していて実感がありません。高陽院には四季の庭があったことがわかっていますから，これは秋の庭かもしれません。

⓫ 池には満月が映っています。王朝貴族は水面に映る月を殊更に愛でたのですが，古来月の名所は，嵐山・清滝川・広沢池・明石浦などのように水に縁のあるところが多いものでした。

⓬ 池の底には拳大の栗石が敷き詰められています。池の深さは，せいぜい数十cmしかありません。そのため舟を漕ぐには櫂ではなく棹を用います。

駒競行幸絵巻についてさらに説明しましょう

「競馬」は2頭の馬を直線の馬場で走らせて勝負をする宮中行事ですから，馬場のあった高陽院の大きさが推し量られます。頼通と彰子は弟姉の関係ですから，彰子にとっては里帰りのような感覚だったことでしょう。鎌倉時代末期の制作ですから，正確に描かれていない部分もあるのですが，寝殿造の邸宅で行われた儀礼の様子が美しく描かれています。

絵図では寝殿造の全体像はわかりませんが，渡り廊下で結ばれた檜皮葺の西対があり，その先が池の中に突き出た釣殿となっています。釣殿には臨時の舞台が設置されています。また全体に寝殿造の特徴である開放的な広い居住空間が見られます。間仕切りが必要な場合は，几帳や屏風や障子などの調度品によって仕切り，その都度使用目的に合わせて空間を演出するわけです。この絵図の中では，そのような調度として御簾が掛けられています。

Question 08

「お迎えが来る」というのは，どういうこと？
～来迎図～（『高野山聖衆来迎図』より）

平安時代 11世紀

平安時代中期より，人々は極楽浄土に生まれ変わる手段として，生前の行いや修行よりも，阿弥陀如来の慈悲にすがることを重視するようになりました。浄土教の流行です。当時の仏画から浄土教の思想を読み取ることができます。

❶ 中央には，極楽浄土の主尊である阿弥陀如来が扶坐しています。そして九品の印相のうち，両手の親指と人差指で輪をつくり，右手を上げ，左手を下げた上品下生の印を結んでいます。このポーズは一般に「来迎印」と呼ばれ，現代風にいえば，極楽往生を約束することを意味している手話と理解したらよいでしょう。仏は印相によって，声ならざる声を発しているのです。たまたまこの画像では阿弥陀如来は座っていますが，信仰する側の切なる願いは，阿弥陀如来を立像として描かせることもあります。立って歩き出す姿の方が，いかにもすぐに迎えに来るような印象があります。描かれる仏の姿は，それを礼拝する人の信仰が反映されるものといえましょう。ちなみに平等院鳳凰堂の阿弥陀如来像は来迎印ではなく，最高の悟りの境地にあることを示す両手を腹の上で組んだ上品上生の印相をしています。それは極楽から来迎する姿ではなく，極楽浄土に座している姿をあらわしているからです。

❷ 阿弥陀如来に向かって右側には，今にも往生せんとする者を乗せて極楽に連れて行くための蓮台を捧持した，観音菩薩が跪いています。往々にして阿弥陀如来信仰より観音信仰の方が人々に浸透したのは，悟りきった如来よりも，自ら修行に励みつつも，衆生救済のためにともに歩いてくれる観音菩薩の方が，より身近に感じられたからでしょう。

釈迦の入滅後，正法・像法の時代を経て，末法の世となるとされていましたが，西暦1052年がその末法元年にあたると信じられていました。ちなみに1052年の500年前である552年は，『日本書紀』に記された仏教公伝の年にあたります。その末法の世が近づくにつれて，貴族から庶民にいたるまで，阿弥陀如来にすがって西方極楽浄土に往生することを願う浄土信仰が流行し，浄土信仰に関する多くの仏像・仏画がつくられました。この来迎図もその一つで，西方極楽浄土に往生することを願う人の臨終に際して，阿弥陀如来と多くの諸菩薩，即ち聖衆が迎えに来る場面が描かれています。

この来迎図は高野山の有志八幡講十八箇院に伝えられましたが，もとは延暦寺にあったものです。それが1571年（元亀2），織田信長の比叡山焼討ちによって破損し，1587年（天正15）に補修して，間もなく高野山に移されたと伝えられています。

❹三尊の周囲には，太鼓・笙・鼓・琵琶・箏などの楽器を奏でたり，幡をもつ多くの諸尊がとりまいています。耳には聞こえなくとも，信心を以て耳を澄ませば，天界の妙なる音楽が聞こえるという趣向です。諸尊が乗っているのは尾を長く引く瑞雲で，たちまちにして来臨するというスピード感をあらわしています。この画像は色褪せているために確認できませんが，紫色の瑞雲に乗って来臨するものと信じられていました。初夏，樹木に藤の花が群がって咲いているのを，阿弥陀の来迎を思わせるという和歌がたくさん詠まれているからです。背景には大和絵の手法で山や樹木や水が描かれ，はるかな極楽浄土から飛来してきたことを表現しています。

高野山聖衆来迎図についてさらに説明しましょう

　三幅一連のこの図は，縦210㎝，横420㎝にもなる大作ですが，各連の境目の絵が繋がらず，もとの画面の一部が欠落した可能性があります。もしそうならば，横はもっと長くなるはずです。制作されたのは12世紀と考えられています。

　浄土信仰とはあまり縁のない高野山に伝えられたのは偶然ですが，天台宗の比叡山延暦寺にあったことは重要です。阿弥陀如来の名をひたすら称える常行三昧の行法は，すでに円仁によって唐から伝えられていましたが，『往生要集』を撰述した源信はそれをさらに発展させ，阿弥陀如来の優れた姿形を心に念じて，人と仏が一体となる観想念仏を説きました。このような大きな来迎図は，その観想を容易にするための視覚的手段でした。極楽往生を願う臨終の者は，このような臨場感のある画像を前にして，ひたすら最後の念仏を称えたのでしょう。そのような臨終の場を「正念場」といいます。また臨終でない者も，日常的にこのような来迎図を拝しながら念仏を専修し，臨終のイメージトレーニングをしたのでしょう。そしてその『往生要集』によって法然が称名念仏に開眼し，比叡山は日本の浄土信仰の発祥地となったわけです。

　なお蛇足ではありますが，来迎という言葉から，現在でも臨終となることを「お迎えが来る」と表現することがあります。状況しだいによっては，高齢者に不用意に「お迎えが来ました」などといって，機嫌を損ねないように注意してください。著者自身，そのことで大失敗をした経験があります。

❸向かって左側には勢至菩薩が跪いています。勢至菩薩といえば，法然は勢至菩薩の化身と信じられましたが，それは阿弥陀如来の名をひたすら称える専修念仏を説いたからでした。これらの阿弥陀如来・観音菩薩・勢至菩薩は阿弥陀三尊と呼ばれ，しばしば画像に描かれたり仏像につくられています。跪坐する姿の観音・勢至菩薩といえば，京都大原の三千院の三尊仏がこの独特の座り方をしています。

Question 09 平安時代 12世紀

古代の人々は死者をどのように扱っていたの？
～墓地の様子～ （『餓鬼草子』より）

　日本には古来より「ケガレ（穢れ）」という考えがあり，日本人は死体などを忌避する傾向が強い民族でした。これに浄土教などの思想も加わり，日本人の死者に対する考えが形成されていきました。

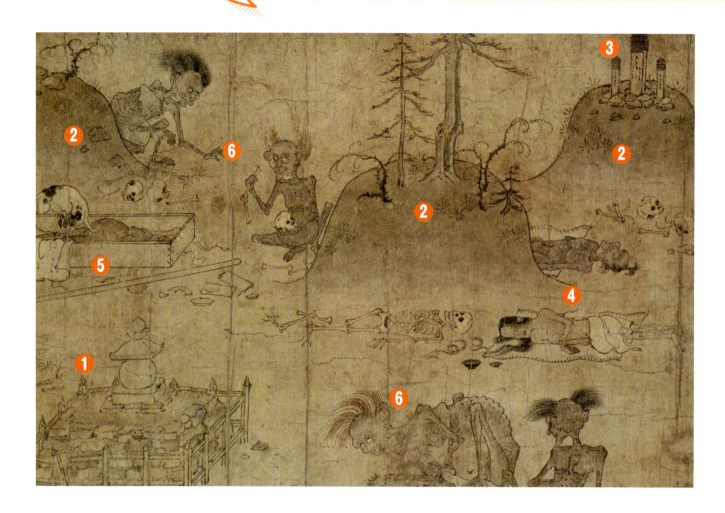

❶ 画面左下には石積塚がありますが，これは火葬かもしれません。五輪塔は日本独自のもので，平安時代中期から出現します。そもそも火葬が行われるようになったのは仏教伝来以後のこと。6世紀には火葬が行われた痕跡がありますが，文献上の初見は『続日本紀』文武天皇4年（700），僧道昭が火葬されたと記されています。702年には持統天皇が天皇として最初に火葬されています。平安時代以降にも火葬は行われましたが，それはあくまでも皇族・貴族・官人・僧侶だけのこと。八代集の中には，貴族の火葬の煙を詠んだ歌がたくさん残されています。

❷ 画面上部には三つの盛土塚が見えます。これらは土葬でしょう。火葬は燃料代もかかり，一般には土葬が広く行われていました。否，土葬されるのはまだよい方で，庶民の遺体は郊外や川原に遺棄されるのが普通でした。鎌倉時代になると五輪塔などの墓石や供養塔の類が増え，少しは墓らしいものが増えるのですが，庶民の葬法については，基本的には土葬や事実上は遺棄に近い風葬が行われていました。

平安時代の墓で知られているものはと改めて聞かれると，はてと首を傾げてしまいます。権力を謳歌したあの藤原道長の墓すら，どこにあるのかもわかりません。それほどまでに平安時代の墓は後世まで遺りにくいものでした。
　浄土信仰が流行し始めると，人は現世における罪業や功徳により，死後に天・人間・修羅・畜生・餓鬼・地獄の六道のいずれかに再生し，六道を輪廻（りんね）すると説かれました。そして大衆教化のため，地獄の恐怖と極楽の悦楽を対照的に描く六道絵がたくさん描かれました。この『餓鬼草子』もそのような六道絵の一つです。

　平安時代末期の後白河法皇の頃に描かれ，蓮華王院三十三間堂に納められたとされる『餓鬼草子』には，そのような平安から鎌倉時代の墓地の鬼気迫る様子が，余すところなく描かれています。

❸右上の塚には木製の卒塔婆が立てられています。このような木製卒塔婆は，現在も供養のために普通に墓地に立てられていますが，板状の簡易なものになっています。木製卒塔婆や現在の板塔婆の上部にはいくつかの刻みが付けられていますが，これは石製の五輪塔の形を模したもので，安価にできるために普及しました。

❹男と女の遺体が放置されています。蓆（むしろ）に寝かされているところを見ると，まだ息のあるうちに放置されたのかもしれません。

❺木棺が放置されています。担いできた棒まで遺棄されているのは，汚れたものとされたからでしょう。その木棺の中の遺体を，野犬が食い荒らしています。

❻完全に白骨となった遺体もあちこちに転がっています。その骨を拾ったり囓（かじ）ったりしているのは，痩せ衰えてはいるが腹の膨れた餓鬼です。餓鬼は人の目には見えない存在ですが，放置された遺体から抜け出した成仏しきれない霊体で，生前に強欲で嫉妬深く卑しい行為をして死んだ者の成れの果ての姿と信じられていました。餓鬼は常に飢え渇いて飲み食いしようとしますが，口に入れようとするとすべて火に変わってしまうとされていました。
　実際に極端な飢餓状態になると，痩せ細っても腹部のみは膨れあがってしまいます。これを医学的には「クワシオルコル」というそうです。描かれている餓鬼の姿の原形が実際にあったのです。
　ちなみに悪戯（いたずら）盛りの子供を「餓鬼」と称するのは，常に腹をすかせ，貪るように食べることによります。

餓鬼草子についてさらに説明しましょう

　平安京の人々の葬送の場は，『徒然草』第七段に「あだし野の露きゆる時なく鳥部山の煙立ち去らでのみ住み果つる習ひならば，いかにもののあはれもなからん。世は定めなきこそいみじけれ」と記されているように，洛西の化野（あだしの）と洛東の鳥部山（鳥辺山）でした。「鳥部山」はまだ火葬の煙が立つのでよいとしても，化野は風葬といえば聞こえがよいですが，事実上の遺棄でした。ちなみに「化野」を音に忠実に表記すれば「徒し野」で，「儚い野」「無常の野」という意味です。
　化野といえば，8000体の石塔石仏が並ぶ念仏寺が連想されます。伝承によれば811年（弘仁2），空海が野ざらしになっていた遺骸を埋葬したことに始まるとされています。境内の夥しい数の石仏や石塔は，1903年（明治36）頃，付近に散在して埋もれていたものを掘り出して集めたものです。ですから江戸時代の念仏寺の絵図による右塔は描かれていません。
　平時でもこのありさまでしたから，飢饉や疫病流行ともなれば，惨憺たるありさまになったでしょう。その様子を『方丈記』は次のように記しています。「また養和のころとか，……築地のつら，道のほとりに飢ゑ死ぬるもののたぐひ，数も知らず。取り捨つるわざも知らねば，くさき香，世界に満ち満ちて，変はりゆくかたちありさま，目も当てられぬこと多かり。いはんや，河原などには，馬・車の行きかふ道だになし。」これは源平の争乱の最中に起こった養和の飢饉の様子で，源義仲が入洛した時，都はまさにこのような状態でした。『方丈記』には，仁和寺の僧が結縁のために遺体の頭に「阿」の字を書いた数が，京市中の一条から九条までの間に，2カ月で42,300人に及んだと記されています。

第2章 中世

Question 10 鎌倉時代 13世紀

源頼朝はなぜ鎌倉を拠点に選んだの？
～鎌倉と鶴岡八幡宮～ （航空写真）

観光地としても人気の古都鎌倉。12世紀末頃から15世紀半ば頃まで，東日本の中心都市として機能していました。鶴岡八幡宮を中心に，どのような特徴があるのか見てみましょう。

❶鎌倉に入った頼朝は，1180年（治承4）に大蔵と呼ばれるところに館を営みました。これが最初の幕府となる「大蔵幕府」で，三代将軍実朝の時代まで46年間続きます。位置は鶴岡八幡宮のすぐ東側で，現在，清泉小学校のあるあたりです。現在は何も残っていませんが，地番表示の地名に「西御門」「東御門」という地名が今でも残り，大蔵幕府の西・東門の位置を推定できます。

❷八幡宮から真っ直ぐ海の方に向かって若宮大路が伸びています。この若宮大路は1182年（養和2）3月，頼朝の命により造営が始められました。『吾妻鏡』には，頼朝は妻の安産祈願のために造営を命じ，自ら指揮監督したと記されています。頼朝自身が現場で指揮を執ったのでは，舅の北条時政のような有力御家人までが石を担いで運ばざるを得ませんでした。ちなみにこの時生まれたのが頼家です。

❸若宮大路は由比の浜辺まで続いていたというのですから，現在よりも長かったことになります。現在は二の鳥居までの約500ｍしかありません。1889年（明治22），横須賀線開通にともなって，削り取られてしまいました。一の鳥居あたりが少し上勾配になっていますが，これは砂丘の痕跡です。

❹川の河口付近の浜では今も鎌倉時代の青磁片を拾うことができます。

源頼朝が鎌倉に拠点を据えたことについて、鎌倉は三方を山に囲まれて防御しやすかったからとよくいわれます。新田義貞が鎌倉を滅ぼした際には、鎌倉を囲む山に設けられた切通しの防御線を突破できず、海辺の稲村ヶ崎から侵入していますから、結果的にはその通りでした。しかし頼朝にとっては、それとは別の理由もありました。父義朝はのちに頼朝の有力御家人となる上総氏の庇護の下に育ち、「上総御曹司」と呼ばれ、さらに同じく有力御家人となる三浦氏の婿となり、それが縁で鎌倉の扇ガ谷に館を構えました。そうして坂東に勢力基盤を築いたうえで都に上り、保元の乱で活躍するも、平治の乱で討たれることになるのです。その間、義朝の嫡男義平が専ら坂東で活躍していました。義平は勇猛さゆえに「鎌倉悪源太」と称され、平治の乱に際しては平清盛の嫡男重盛と一騎打ちをした話が、『平治物語』に伝えられています。頼朝は鎌倉を拠点と定めた時、父や兄の住んでいた由緒あるところだと、しみじみ思ったにちがいありません。また鎌倉周辺には、父義朝が築いた源氏を中心とする主従関係がすでにできていて、頼朝を棟梁として迎える素地があったわけです。

❺鶴岡八幡宮の境内に入るとまず舞殿があります。これはよく静御前が頼朝の前で舞ったところと説明されますが、そもそも当時、舞殿はなかったはずです。また若宮で舞ったという観光案内がありますが、『吾妻鏡』には廻廊で舞ったとしか記されていません。ただ、再建された本宮の廻廊か若宮の廻廊かよくはわかりません。『吾妻鏡』には「誠に是社壇之壯觀、梁の塵殆んど動く可し。上下皆興感を催す。」(「梁の塵も動く」とは美しい音曲の形容)と記されていますから、余程に感動的なものだったのでしょう。

❼階段を上ると、1828年（文政11）に将軍徳川家斉の命によって再建された本宮の社殿があります。楼門の上には「八幡宮」と書かれた額が掲げられているのですが、その「八」の字が向かい合う鳩の形をしていて、これを「向い鳩」といいます。実は鳩は八幡宮や源氏と切っても切れない関係があり、軍記物にはそれを物語る場面がたくさんあります。まず初期の軍記物である『陸奥話記』には、清原武則が源頼義の軍勢と合流し、全軍が気勢をあげる場面で、鳩が軍勢の上を飛び回り、源頼義以下がみなこれを拝んだと記されています。また厨川柵の合戦に苦戦した頼義が八幡神に祈願すると、鳩が軍陣の上を飛び回ったので、頼義が再び拝んだと記されています。このような逸話は、他にも『源平盛衰記』『蘇我物語』などの軍記物や、鎌倉幕府の編纂した『吾妻鏡』にもたくさん記されています。鳩は八幡神が源氏を守護する徴と理解されていたわけで、鎌倉名物の「鳩サブレ」にはなかなか深い由緒があるわけです。話のついでに、源実朝が詠んだ歌を一首御紹介しておきましょう。
　「飛びかける八幡の山の山鳩の
　　　鳴くなる声は宮もとどろ」
　　　　　　　　　　（夫木和歌抄　鳩　12830）
「宮」はもちろん鶴岡八幡宮のこと。もし八幡宮で鳩を見かけたら、縁起のよい徴と思って眺めてみてください。

❻1219年（建保7）1月27日、鶴岡八幡宮で行われた右大臣拝賀の式に出席した3代将軍源実朝は、甥の公暁によって暗殺されました。その時公暁が大銀杏に隠れて待ち伏せしていたと伝えられていますが、当時の史料には銀杏については何も触れられていません。『吾妻鏡』には「夜陰に及び神拝の事終り、漸く退出令め御ふ之所、当宮別当阿闍梨公暁石階之際于来るを窺ひ、剣を取り丞相を侵し奉る」と記されていて、階段の際に隠れていたことになっています。大銀杏は階段のすぐ左脇にあったのですから、まあ観光的には許せる範囲でしょう。しかし樹齢1000年とも推定されたその大銀杏も、2010年（平成22）3月10日未明、強風のためついに倒れてしまいました。

鎌倉と鶴岡八幡宮についてさらに説明しましょう

　鎌倉といえば、鶴岡八幡宮が最大の観光スポットですが、源氏と八幡宮の関係は、石清水八幡宮に始まります。石清水八幡宮は平安京の裏鬼門（南西の方角）の位置にあるため、鬼門の方角にある延暦寺とともに王城の守護神として朝廷から篤い尊崇を受けました。源氏が八幡宮を、わけても石清水八幡宮を尊崇したのは、八幡神が軍の神であったこともさることながら、源氏の祖である清和天皇の創建であることも影響したことでしょう。義朝の曾祖父である義家は「八幡太郎」と称されましたが、それは石清水八幡宮で元服したことによっています。

Question 11 中世の武士の館はどのようなつくりをしていたの？

鎌倉時代 13世紀

～武士の館～（『一遍上人絵伝』より）

中世の日本においては，当初武士は治安維持の名目で各地に居を構えましたが，しだいに土地の支配者となっていきました。ここでは武家の館の様子を見てみましょう。

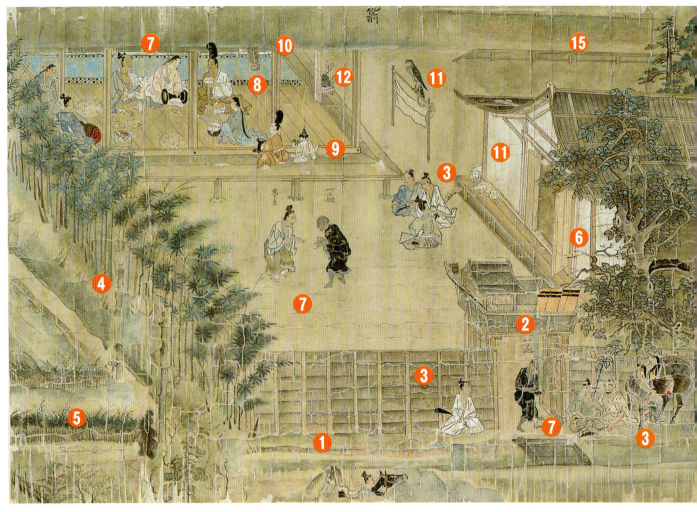

❶ 武士の館の防衛的工夫は随所に見られます。この図では周囲を堀で囲まれていますが，実際には堀だけではなく土塁もめぐらせてある遺構もたくさんあります。この図ではさらに板塀がめぐらされています。

❷ 門は矢と楯が常備された櫓（矢倉）門となっています。近世の城郭には，石塁の上に長屋状の建築を渡す門がよく見られ，「櫓門」と呼ばれていますが，この図の門がその原形です。「櫓」と表記するとわかりにくいですが，「矢倉」という表記が本義であることがよく理解できるでしょう。

❸ 庭と門前には，それぞれ3人の郎等が警護のために控えています。門の右に馬とともにいるのは，客の郎等でしょう。

❹ 板塀に沿って竹が植えられていますが，よく矢をつくる材料とすると説明されています。しかしよい矢をつくるためには，篠竹なら何でもよいわけではありません。矢は日常的に相当数蓄えられているはずです。広い意味で防御のために植えられているものでしょう。

❺ 画面の左下には丈の低い植え込みが垣根状に続いています。これはおそらく耕地の境に植えられたものでしょう。館の前の耕地は，「前田」「門田」「佃」などと呼ばれた領主の直営地かもしれません。

❻ 館の手前右の建物はよく持仏堂と説明されていますが，その根拠が示されているものを見たことがありません。そうかもしれませんが，ここでは警備の郎等が宿直する遠侍ということにしておきましょう。

天下太平の江戸時代の武士はいわば公務員のようなもので，主に城下の町に居住していました。しかし中世の武士は，開発領主として農村に「館」(屋形)を建てて居住し，荘園や自らの領地の経営にあたっていました。そのような武士は家臣や領民からは「お館(屋形)様」と呼ばれました。居館の立地条件では防備に有利であり，かつ地域の領主として農地の経営にも便のある場所が選ばれましたが，それは中世の領主級の武士は，武士であると同時に領主として農村の経営にも携わっていたからです。

　画面中央では，一遍が「亭主」と表記された館の主人と向かい合っています。また櫓門を出る一遍も描かれていて，同一画面に一遍と主人がそれぞれ2カ所に描かれています。このような描き方は時間の経過をあらわす異時同図法で，話の進展とともに場面が展開する絵巻物には，しばしば用いられる手法です。

❼母屋では館の主人と客が，胸をはだけて酒盛りの最中です。その間で鼓を打って歌っているように見えるのは，遊女でしょうか。館の主人は酒の席では服装も乱れていましたが，一遍が来ると手を洗い口を漱いで直垂姿に身を正し，何かを受け取ろうと手を出しています。見かけは粗末な旅の僧ですが，一遍には思わず威儀を正させるようなオーラがあったのでしょう。一遍が渡そうとしているのは，「南無阿弥陀仏　決定往生六十万人」と印刷された，10cmそこそこの紙の札です。この札を受けることを通して，阿弥陀如来に結縁することを勧めているのです。渡し終わって門を出る一遍は，どこか足取りも軽そうに見えます。

❽女性が長柄の銚子をもって控えています。

❾縁にいる男性も鼓を打ち，その右にいる童も何か楽器をもっているように見えます。

❿壁際には箏が立て掛けられています。

⓫縁に犬が2匹見えます。番犬にもなったでしょうが，止まり木の鷹とともに，狩猟でも活躍したことでしょう。当時は犬追物という武芸の訓練もあり，武士にとって犬は身近な存在でした。

⓬縁先に盆栽が置かれているのも興味深いことです。盆栽といえば，謡曲『鉢木(はちのき)』を連想します。旅の僧に変身した元執権の北条時頼が，大雪の夜に佐野源左衛門常世という貧しい武士の家に一夜の宿を借りた時，秘蔵の鉢植えの梅・桜・松の木を焚いてもてなされたという話ですが，鎌倉時代にすでに盆栽があったことがわかります。

⓭右手には馬屋が見えます。板敷きであることは，それだけ大切にされていたことを示しています。馬の世話をしている者は，その服装からして下人クラスの農民でしょうか。明らかに警備の郎等よりは劣る恰好です。

⓮馬屋の前に繋がれている猿は，馬の魔除けとして飼われているもの。猿と馬とのこのような関係をあらわす習俗は広くインドから中国にかけて分布し，日本古来のものではありません。平安時代末期の『梁塵秘抄』には「御厩の隅なる飼猿は絆はなれてさぞ遊ぶ…」という歌謡が記録されており，『春日権現験記』『石山寺(せきさんじ)縁起絵巻』にも厩の猿が描かれていて，当時広く行われていたことがわかります。またよく知られたところでは，日光東照宮の神馬の厩舎に，いわゆる三猿の彫刻が施されているのも，猿と馬とのこのような関係に基づくものです。

⓯馬屋の奥手には馬場の柵が見えます。館内に馬場があったとすれば，館の敷地はかなり広いことになります。

『一遍上人絵伝』（武士の館）についてさらに説明しましょう

　この図は1276年（建治2），一遍が筑前のある武士の館を訪ねた場面で，学校の歴史の授業では「武士の館」と称し，中世武士の日常生活を示す重要な史料として必ず学習されます。もちろんそれでよいのですが，あくまでも主役は一遍です。彼は「遊行上人」と呼ばれ，全国各地を旅をして歩き続けました。この場面は筑前ですが，同じ絵巻物でよく知られた「福岡の市」は備前，踊念仏の場面は京都です。その行程をたどれば，故郷の伊予から始まり，北は江刺（現在の奥州市）から南は大隅に及び，北陸以外はほとんど巡っています。ここでは文字通りの「遊行(ゆぎょう)上人」であったことも改めて確認しておきたいです。

Question 12 鎌倉時代 14世紀

中世の武士はどのような生活をおくっていたの？
～武士の生活～（『男衾三郎絵巻』より）

今度は絵巻物から武士の生活を見てみましょう。武士は「弓取り」ともいい，武芸のうちでも弓術を非常に重視していました。弓の練習をしたり，強い弓を張ったりすることに余念のない，質実剛健な生活ぶりがうかがえます。

❶館の門の外では笠懸が行われています。笠懸とは馬で疾走しながら弓を射る実戦的な弓技です。

❷的は直径1尺8寸程の板に牛革を貼り，中に綿を詰めたもので，本来は自分の笠を的にしたことによる呼称です。これを紐でつり，背後には「安土」と呼ばれる盛り土を築いておきます。また矢が的を破損しないように，鏃のない大型の鏑矢である「蟇目の矢」を用います。鏑矢とは蕪の形の先端部を付けた矢で，孔が空いているために射ると音をたてて飛びます。そのため，合戦の合図の矢合わせや威嚇に用いられました。的の横に座っている男は，鏑の孔に詰まった土を吹き飛ばしているのでしょう。的には当たらなかったようです。

❸弓は竹と板を貼り合わせ，全体を斑模様に藤蔓を捲いて補強した「重藤の弓」です。ちなみに日の丸を掲げる旗竿は，弓弭に金鳶が舞い降りた神武天皇の弓に倣ったものであることから，白黒の斑に塗り分け，金鳶になぞらえた金の玉を先端に付けます。

❹服装は武士の通常服である直垂に，侍烏帽子を被っていて，乗馬する時には鹿の皮で拵えた行縢で両脚を覆っています。これはなかなか便利なもので，馬から降りて外せば敷物に早変わりします。的までの距離は一般的には弓丈7～8つ分といいますから，20mより少し短い程度だったようです。

❺唐破風造の板屋根門のすぐ前では，郎等が「乞食」らしい男を，板塀の前では総髪の「修行者」を捕えようとしています。修行者の傘も破れてしまいました。その側にいる市女笠姿の少女は，驚き慌てて，下駄が脱げてしまいました。詞書によれば，通りがかりの人を捕らえ，蟇目や鏑矢で追い立てて，「追物射」にしようというのです。「馬庭の末に生首絶やすな，切り懸けよ」とも書かれていますから，殺してしまうのかもしれません。

鎌倉時代の地方武士の日常生活を描いた絵巻物に,『男衾三郎絵詞』があります。武蔵国に吉見二郎と男衾三郎という兄弟が住んでいました。吉見は埼玉県のほぼ中央の吉見町,男衾は埼玉県の北部の寄居町を中心とした一帯で,東武東上線の「男衾駅」にその名を残しています。兄弟でありながら苗字が異なるのは,それぞれの領地を本貫の地(苗字の由来する本拠地)として,地名を名乗っているからです。

　話の背景は観音霊験譚ですから吉見二郎の娘が主役なのですが,よくも悪くも活躍しているのは専ら男衾三郎ですから,『男衾三郎絵詞』と呼ばれました。もちろん実話ではありませんが,実際の吉見の領主は吉見氏,男衾の領主は畠山氏でした。

　ここに載せた場面には,館の外で男衾三郎の郎等が武芸の訓練をする様子が描かれています。

❻門の内側には三星紋の楯を並べ,日頃から敵の侵入に備えています。三星紋は別名「将軍星」とも呼ばれ,のちに武家の紋章として好まれることになります。

❼庭では郎等が武具の手入れに余念がありません。弓の末弭を木に掛けて2人がかりで弓をたわめ,もう1人が本弭に弦を掛けようとしています。これは「三人張」ということですが,現代人は二人張でもそう簡単には引けません。ちなみに源為朝の弓は「五人張」と言われています。その右横では,弓の張り具合を確かめています。

❽家の中では,高麗縁の置畳に座り,鏑矢をもっているのが主の男衾三郎です。その上にはいつでもすぐに着られるように,鎧が置かれています。

❾三郎の左の縮毛の女性がその妻です。頬が張り,目は団栗眼,鼻は天狗のようで髪が縮れています。これはコミカルに誇張されているのでしょうが,醜女というのもさもありなんと納得できる容貌です。

❿隣室では母と同じく縮毛の娘と,その髪を梳く侍女が,縁には三郎の息子らしき子を抱く乳母もいます。

『男衾三郎絵巻』についてさらに説明しましょう

　男衾三郎と吉見二郎は対照的な性格でした。兄の二郎は都風の優雅な貴族趣味に憧れ,都から美しい女性を娶り,館では歌合や管弦を楽しむような武士でした。弟の三郎は武士が器量のよい女を妻にすると命を削るからと,坂東一の見目の悪い女を娶り,庭の草はいざというときの馬の餌になるから刈らずにおけという程,武芸一筋の猛々しいことを好む武士でした。

　ある時,兄弟は京都大番役のため上洛する途中,遠江で山賊に襲われてしまいます。そしてひ弱な二郎は討たれ,三郎に妻子のことを託して死んでしまいます。領地に戻った三郎は兄の遺言に反して館と領地を横領し,兄の美しい妻と娘を下女としてこき使ったのでした。そこへ新任の国司が赴任してきます。国司は「慈悲」という名の二郎の娘を見初めて,妻にしようとするのですが,三郎の妻はこれを妬み,慈悲の髪を切り醜い姿にして,追い出してしまいます。そして自分の娘をかわりに薦めるのですが,何せ器量の悪いのは母親譲りですから,娘を見た国司は逃げ出してしまうのでした。現存する絵巻物はここで途切れてしまうのですが,本来は観音の霊験により,慈悲と母親が幸せになるという筋があったと思われます。途切れてはいても12.6mもあるのですから,本来は余程に長い絵巻物だったのでしょう。

Question 13 鎌倉時代 14世紀

中世の市場では何を売っていたの？
～備前福岡市～（『一遍上人絵伝』より）

中世は流通経済がたいへん発達した時期でもあります。問丸と呼ばれる運送業者が港湾や都市を拠点に商品を運び，為替手形を用いた遠隔地での決済制度もすでに行われていました。ここでは，当時の市の様子を見てみましょう。

❶画面上段左の店は履物屋でしょう。店頭には高下駄のような足駄が置かれています。これは雨天時の履き物として使われることもありますが，野外で大便をする際に，大便の盛り上がりが尻に付かないようにするための大切な道具でもありました。

❷布の店でしょう。白い反物が並んでいますが，当時はまだ木綿の布はありませんから，絹かもしれません。店の外では銭をもった男と市女笠を被った女が，布を広げて品定めの真っ最中。女は笠を被っていますから売人ではありません。おそらく夫婦で買いに来たのでしょう。その右も布の店ですが，柄物の反物が並んでいます。店の中では朱色の服を着た女が，紐に通した銭を数えているところです。店頭では，白い被衣を頭から被った女が品定めをしています。

❸米屋です。1俵は50～60kgはあるでしょうから，馬で運ぶとしても馬1包に2俵までが限度です。大量に運ぶには，舟でなくてはできません。絵図の左下には舟が描かれているように，市場の立地には，水運は不可欠な条件でした。米を筵の上に広げて，枡で量り売りもしています。もっている枡は1升枡でしょうが，近世以来使われてきた枡より高さが低くなっています。店主は俵に寄りかかって午睡中です。米は大口の取引が中心でしょうから，ゆったりと構えているのでしょう。

❹魚の店です。店内には干した蛸と鴨くらいの大きさの鳥がぶら下げられ，台の上にはかなりの大きさの魚がたくさん並んでいます。店頭には1m以上ある俎が置かれ，さらに大きな魚が置かれています。その大きさからして，海の魚でしょうか。また天秤棒がしなるほどに，買った魚を提げた男が見えます。

平安時代末期から鎌倉時代には，一国の貨幣経済を成り立たせる程の莫大な宋銭が輸入されました。そして交通の発達ともあいまって，三斎市などの定期市が交通の要衝に開かれるようになりました。この絵図は『一遍上人絵伝』の「福岡市」の場面で，現在の岡山県瀬戸内市長船町福岡にあたります。絵図の下に見える川は吉井川でしょう。そして市場の中央の道路は山陽道になるでしょうか。

　ここは市場ですから，実に多くの人々が活き活きと描写されています。男性は僧侶と貧困者と子供以外はすべて烏帽子を被っています。また髭（口ひげ）鬚（顎ひげ）を蓄えている男性が多いこともわかります。女性の服装は様々ですが，外出用の市女笠を被ったり，白い被衣を被ったりしている者が多く見られます。また履き物を履いている者はたいへん少なく，ほとんどが裸足のままです。

　市場には草葺や板葺の市屋が5棟建てられています。簡易な壁があるだけの掘立小屋ですが，草葺の屋根の葺き方が，現在まで伝えられてきた葺き方と正反対になっています。草の穂が表に出ていますが，これが当時の一般的な葺き方であったとすると，全国各地で復原されている古代建築の屋根の葺き方も，再考を要するかもしれません。

❺画面中段の市屋の左側は，仮面を売る店のように見えます。子供向けの遊具としての仮面かもしれません。現在でも縁日でそのような仮面が売られていますね。

❻画面中段右や下段の市屋には，1石は入るであろう備前焼の大きな甕や壺が並んでいます。横になっているものもありますから，酒が入っているわけではなく，器として売られているのでしょう。備前焼の史料としては最古のものかもしれません。

❼壺屋の前には，琵琶をもった男と，2人の乞食が見えます。当時の市は月に3回立つ三斎市が一般的でしたから，市の立たない時は，市屋はこのような貧困者のねぐらになっていました。

❽郎等の右には，弓を構えた人物が朧気に確認できます。神主の息子が真相を知って家を飛び出す場面では，郎等は弓をもって描かれていますから，絵巻の作者は，最初はそのように描いたようです。しかし何か思うところがあって，描き直したのでしょう。長い間に下絵が見えるようになったわけで，決して「影武者」ではありません。

『一遍上人絵伝』（備前福岡市）についてさらに説明しましょう

　市場が全面に描かれていますが，『一遍上人絵伝』ですから，主役はやはり一遍です。一遍が九州から四国・厳島神社を経て，備前の藤井（岡山市）に来たのは1278年（弘安元）の冬でした。そして備前国一宮吉備津宮の神主の息子の妻が，夫の留守中に一遍の話を聞いて尼になり，一遍の一行に加わって，文字通り「出家」をしてしまったのです。それを知った夫が，「件の法師原いづくにてもたづねいだして，せめ殺さむ」と，郎等2人を連れて後を2里程も追いかけ，ようやく福岡の市で追いつきました。そして今や一遍を斬り殺そうとする緊迫の一瞬です。彼は「備前の勇士」と称される程の武士でしたが，一遍とて武門河野氏の血をひく男です。「汝は吉備津宮の神主の子息か」と一喝すると，男は「身の毛もよだつ」程に震え上がってたちまちに殺意を失い，かえって一遍に従って妻とともに出家することになりました。

Question 14
鎌倉時代 14世紀

時宗とはどのような教えだったの？
～踊念仏～（『一遍上人絵伝』より）

ここまでに2回,『一遍上人絵伝』の図から当時の社会を読み解いてきましたが,今度は一遍上人そのものに焦点をあててみましょう。京都六波羅での踊念仏の図をもとに時衆について解説します。

今日では時宗の寺は全国に400余りしかなく，一遍の著述も彼が自ら焼き捨ててしまったために，ほとんど伝わっていません。そのため鎌倉新仏教の他の宗祖たちと比べて，一遍は何となく影が薄く見られています。しかし鎌倉時代から室町時代にかけては，民衆の間に最も浸透していたのは時宗でした。浄土真宗（一向宗）が教勢を拡大させるのは，蓮如（1415〜1499）以降のことです。

　この図は，一遍が「わが先達」と敬慕してやまなかった「市の聖」と称された空也ゆかりの六波羅に踊屋を建て，踊念仏をする場面です。一遍は空也が踊念仏を創始したと理解していました。空也が創始したという確実な史料はありませんが，一遍はそのように確信していました。『一遍上人絵伝』には，「そもそもをどり念仏は空也上人或は市屋或は四条の辻にて始行し給ひけり」と記されています。それで空也ゆかりの故地に一遍は踊屋を建て，踊念仏を行ったのでしょう。ちなみに空也ゆかりの六波羅蜜寺では，今も踊念仏が行われています。また有名な空也像も六波羅蜜寺に伝えられています。

❶踊屋の屋根の左上部に，「空也上人遺跡也号市屋ト以後一遍聖道場建立」と注記されています。踊屋は高床につくられ，周囲には露天の桟敷までつくられていますから，敢えて見られることを想定していたのでしょう。

❷踊屋の中央には，鉦鼓を叩いて踊る一遍が描かれています。他にも多くの僧侶がともに輪になって踊っています。鉦鼓を叩くということについては，六波羅蜜寺に伝えられた，空也像と共通しています。一遍は空也に倣ったのでしょうか。鉦鼓を用いていたということは，空也も何らかのリズムに合わせて念仏を称えていたのでしょう。

❸床下には乞食が住みついているようです。また子供たちが床下の梁に取り付いて遊んでいます。

❹見物をしている者の中には，牛車に乗っている者もあり，あらゆる階層の者が評判を聞きつけて見に来ていることがわかります。

『一遍上人絵伝』に（踊念仏）ついてさらに説明しましょう

　一遍は，承久の乱（1221年）で後鳥羽上皇方に与したために没落した，伊予国の有力御家人河野氏の出身です。10歳で母の死をきっかけに出家し，以来専修念仏の修行に励み，念仏の名号「南無阿弥陀仏」を書いた小さな紙の札を配りながら，民衆に念仏の勧進を行っていました。結縁のためにこの紙の札を配ることを「賦算」といいます。ところがある時，「一念の信をおこして南無阿弥陀仏ととなえて，このふだを受け給ふべし」と一人の僧に札を差し出すと，「いま一念の信心を（起）こり侍らず，うけば妄語なるべし」と断られました。信心のない者にその札の受け取りを拒否されたことにより，信心のない者の往生という問題に突き当たったのです。

　彼はこの疑問を解くために熊野神社に参籠し，夢告を受けて頓悟しました。曰く「御房のすすめによりて，一切衆生はじめて往生すべきにあらず，阿弥陀仏の十劫正覚に，一切衆生の往生は南無阿弥陀仏と決定するところ也，信不信をえらばず，浄不浄を嫌はず，その札をくばるべし」（『一遍上人絵伝』）と。人は信心によって往生するのではなく，すでに阿弥陀仏によって往生が定まっているというのです。そうすれば後は人が阿弥陀仏と一体となり，往生を願って念仏を称えるのではなく，念仏が念仏を称えるともいえる程に無心の境地の念仏三昧が必要なのです。「時衆」と呼ばれた時宗の人々には，「〇阿弥」という阿弥号を自称する者が多いのは，阿弥陀如来と一体になることを祈念する信仰をあらわしているのです。

　このような「念仏が念仏を申す」と表現された念仏三昧の法悦は，踊念仏として表現されました。踊念仏について，『一遍上人絵伝』は次のように記しています。1279年（弘安2），信濃善光寺へ赴く途中，佐久郡の大井太郎という武士が一遍に帰依した。そしてその姉がある夜夢に一遍を見たことから，一遍を招いて供養した。この時数百人が踊り回り，板敷を踏み落としてしまった。それでこれを記念にしようといって，修繕することなくそのままにおいたという。またある時，踊りながら念仏を称えることを非難されると，一遍は「ともはねよ　かくても踊れ　こころ駒　みだのみのりと　きくぞうれしき」と歌で応えています。そうであるから一遍の踊念仏は，床を踏み轟かして踏み破る程の激しいものであったことがわかります。『日本民俗事典』には，「踊念仏は仏教儀礼として，念仏・和讃を詠いながら霊の鎮魂や鎮送のために踊るもの」と説明されています。しかし敢えて一遍のために弁明するならば，彼の踊念仏は「仏教儀礼」の程度のものではありません。現代人の知っている「踊」の枠さえも超越した，宗教的エクスタシーの表現に他ならなかったのです。

　ちなみに，時宗の本山である神奈川県藤沢市の清浄光寺では，毎年1月12日には遊行上人の初賦算（おふだくばり）が行われています。それには一遍が配ったのと同じく，「南無阿弥陀仏決定往生六十万人」と木版で印刷されています。

Question 15 鎌倉時代 14世紀

「縁起」という文献はどのようなものなの？
～年貢米の輸送～（『石山寺縁起絵巻』より）

社寺，仏像，宝物などの沿革を記した文献を「縁起」といいます。大和絵の発達により絵巻物がつくられるようになると，縁起を絵巻物で残す寺院もでてきました。その代表例ともいえる『石山寺縁起絵巻』を見てみましょう。

❶ 馬借の先頭にいるのが，「までより」といった馬借のリーダーでしょう。

❷ 子供の馬借が何やら食べていますが，俵から抜き取った玄米かもしれませんし，あるいは携帯食糧である糒かもしれません。

❸ 米1俵の重さは明治時代に4斗入り60kgに統一されましたが，それ以前は地域と時代で一定していません。この絵図の米俵の大きさから見て，40kg前後でしょうか。米俵2俵で「一駄」といいます。大津は水陸交通の接点ですから，米のような重い貨物を舟で輸送したり，それを馬に積み替えたりすることが多く，馬借がたくさん活動していました。絵図にも米俵は運べませんが，杭に繋がれた小さな丸木舟が描かれています。

❹ 中央左で馬に乗っているのが源順で，従者たちもみな参詣用の白い浄衣を着ています。

❺ 馬借の馬は貨物運送専用ですから，轡を付けていません。それに対して源順の乗る馬には轡が付いています。

❻ 左上の民家では，瓜類らしき果物や野菜が店棚に並べられています。「店」という言葉が，商品を「見せる棚」「見せ棚」を語源としていることがよくわかりますね。

❼ 右の家の網代壁の前では，老女が紡錘車を用いて糸を紡ぎ，その右では，突き上げ窓から男と子供が外の様子をうかがっています。

滋賀県大津市にある石山寺は,霊験著しい観音霊場として,平安時代から観音信仰がさかんでした。京から近いこともあり,観音堂に参籠することが流行り,『更級日記』の筆者である菅原孝標女・紫式部・和泉式部らも参籠したことを記しています。『石山寺縁起絵巻』は,石山寺の創建と観音菩薩の霊験を描いた絵巻物で,全7巻。観音菩薩が33に変化して衆生を救済するという信仰により,西国三十三観音霊場や三十三間堂と同じく,計33段の霊験談が描かれています。描き始められたのは鎌倉時代末期の正中年間なのですが,全7巻が完成したのはなんと江戸時代後期のこと。この画面を収める第2巻は,鎌倉時代末期の成立です。

❽面白いのはその家の暖簾の前に猫が紐に繋がれていることでしょう。絵巻物や南蛮屏風には,紐に繋がれた猫がしばしば描かれています。また鼠害対策として,1602年（慶長7）には,都の猫を繋いで飼うことを禁止する高札が出されたことが,西洞院時慶という公家の日記『時慶記』に記録されていますが,これを裏に返せば,繋いで飼うことが普通であったということなのでしょう。在来の日本猫には尾の短いものが多く,海外では日本猫の特色と理解されています。しかしこの猫の尾は長いようです。

『石山寺縁起絵巻』についてさらに説明しましょう

　時は951年（天暦5）,村上天皇の命により平安御所の昭陽舎（しょうようしゃ）に撰和歌所が置かれ,5人の学者が選ばれて『万葉集』の訓釈や『後撰和歌集』の編纂などが行われました。昭陽舎の庭には梨の木が植えられていたため,「梨壺」とも呼ばれ,この5人は「梨壺の五人」とも呼ばれました。その中の一人が,この場面の主人公である源順なのです。彼は当代きっての学者でしたが,漢字ばかりの『万葉集』に彼をしても訓めない歌がありました。絵巻にはそれがどの歌かは記されていないのですが,どうも次の歌らしいのです。

　「国遠直不相夢谷吾尓所見社相日左右二」巻12（3142番）。おそらく「国遠み直（ただ）には逢はず夢（いめ）にだに我に見えこそ逢はむ日…に」までは訓めたのでしょう。「遠く離れて,直には会えません。だからせめて夢にでもあいたいのですが」というおよその意味もわかったでしょう。しかし「左右」がどうしても訓めなかったのです。困った源順は仏の加護にすがるべく,他の梨壺衆とともに石山寺に参籠することにしました。馬に乗りながらもあれこれと思い巡らしている時に,たまたま琵琶湖の辺の大津で,米俵を積んだ馬を引く男たちに出会いました。「馬借」と呼ばれる運送業者です。するとその一人が積荷の俵を両手で押さえながら「おのがどち,までよりつけよ」（みなの者,両手で荷を押さえるんだ）といったのでした。「まで」とは「隻手」（かたて）に対して両手を意味する言葉で,「までより」は「両手でもって」という意味です。彼はこの何気ない言葉と両手で俵を押さえる動作を見た途端,「左右」が「まで」と訓むべきことを悟ったのでした。

　『万葉集』にはこの「左右」を「まで」と訓ませるような,クイズ紛いの表現がたくさんあり,「戯訓」と呼ばれています。「山上復有山」と書いて「出づ」と訓ませるのは文字上の戯れ。「二二」で「し」,「二五」で「とを」,「十六」で「しし」,「八十一」で「くく」と訓ませるのは九九の数の遊技によるもの。牛の鳴き声から「牛鳴」と書いて「む」,鶏を呼ぶ時の人の声から「喚鶏」と書いて「つつ」と訓ませます。一昔前までは,「トートトトト」といって鶏を呼んだものでしたが,当時は「ツツツツ」と呼んだのでしょう。家が五十戸で1里としたので,「五十戸」と書いて「さと」,「少熱」で「ぬる」,太陽には烏が棲んでいるという中国伝来の俗信から,「朝烏指」と書いて「あさひさす」等々,まだまだきりがない程あります。漢字ばかりで表記された『万葉集』を訓釈することは,まさに「頭の体操」なのです。

Question 16 中世の大工はどのように仕事をしていたの？
鎌倉時代 14世紀
～鎌倉時代の建築現場～（『春日権現験記絵巻』より）

古代より，日本の大工（建築職人）は高度な技術をもつ職能集団でした。『春日権現験記絵巻』には，親方の指揮のもと，効率的に分業を行う大工たちの姿を見ることができます。

❶ 画面の中央で，間竿をもち何やら指図をして立っているのは，番匠の頭，つまり棟梁でしょう。ほとんどの番匠が裸足で座りながら作業をしているのに，彼だけは草鞋を履き，腰刀を差しているからです。

❷ 画面の右上段では，底の浅く長い水槽の水準器に水を盛って水平を確認し，それに平行になるように水糸を張っていますが，この作業は水を使わない現在でも「水盛」と呼ばれています。水糸は上下2本張っているように見え，子供が曲物の桶から柄杓で水を注いで手伝っています。家屋の建築はまず正確な水盛から始まることは，昔も今も変わりません。

❸ 画面の右中段では，水糸の交差する位置に礎石を据え，3人がかりでそれを丸太の地搗棒で突き固めています。丸太の先端がささくれ立っていることは，丸太を一寸借用しているのではなく，そのような目的をもった道具となっていることを示しているのでしょう。なかなか細かい描写ですね。また画面の右下には，これから据えられる礎石がたくさん転がっています。

❹ 画面の左半分では，それぞれに製材作業が行われています。まず下方では，丸太に手斧を挟み込んで安定させ，丸太の木口にL字形の曲尺（さしがね）を当て，墨壺の竹篦で線を引いています。右方の男は片目をつぶり，何やら慎重に狙いを定めているようです。これから丸太に鑿や鏨を連続して打ち込んで縦に割り，板に仕上げるのかもしれません。

鎌倉時代には建築職人は「番匠」と呼ばれていました。「番」とは交替で勤務をすることで，律令制下で飛騨国から京の木工寮に交替で，「飛騨工」と呼ばれた工匠を上番させていたことによる呼称です。鎌倉時代の番匠たちが活き活きと描かれたこの絵図は，1309年（延慶2）頃，高階隆兼が藤原氏の氏神である春日明神の霊験談を描いた絵巻物『春日権現験記絵巻』の第1巻に収められています。詞書によれば，右馬允藤原光弘が夢の中で春日明神から子孫繁栄の地を告げられ，そこに竹林殿を造営している場面です。

❺厚く大きな角材に，墨壺から墨糸を引き出して張り，指で弾いて直線を引こうとしています。この方法は昭和中頃までは普通に見られることでした。左方では子供が墨糸の端を木口に固定して手伝っています。こうして子供たちは大人の手伝いをしながら，技術を学んでいったのでしょう。

❻画面の左中段では，厚板に鏨や鑿を打ち込んで縦に割ろうとしています。製材用の縦挽きの大鋸が出現するのは15世紀の初めの頃ですから，丸太から板に仕上げることには，大変な労力を必要としました。古建築には縦に割りやすい檜がよく用いられ，割りにくい松や欅が使われなかったのも，そのような理由があったからです。このこと一つでも踏まえて見るならば，古建築の見方が変わるのではないでしょうか。

❼皮を剥いで手斧で荒削りした丸太の表面を，鑓鉋（鉇）で滑らかに仕上げています。

❽画面の中下段左端では，丸太ではなく板を鑓鉋で仕上げていますが，一人の男が手鼻をかんだ瞬間のようです。描写が活き活きして，画家の力量がよくあらわれていますね。法隆寺の宮大工として有名な西岡常一氏によれば，鑓鉋は木材の繊維を剥がすように削り，檜の細胞を壊さずに削れるので，水が中にしみこまない。そのため建築が長持ちするということです。ちなみに鑓鉋は日本特有の工具です。また今日普通に使われている台鉋が出現するのは，室町時代のことです。

❾画面の左上段には作事小屋があり，鑓鉋で丸太の木口を整えたり，角材を鋸で切っています。鋸は柳葉状で中程の幅が広く，横挽き専用のものです。作事小屋は建築現場に仮設される作業場で，雨天時の作業や番匠たちの休憩所や，雨に濡れてはいけない物を保管する場所として使われていました。

❿作事小屋の右には，長い材木が井桁に積み上げられていて，木鼻（木端）に孔が開けられているものがあります。これは木材を筏に組みやすいように開けられたもので，この部分は最終的には切り落とされ，子供たちの取り分となりました。この絵図の中には見えませんが，子供たちが切り落とされた木っ端や削り屑を，縄で縛って持ち帰る様子が描かれています。木っ端といえども燃料としては使い道があったのでしょう。

『春日権現験記絵巻』についてさらに説明しましょう

　番匠たちの服装は，みな小袖と足首の部分を括った袴を履いていて，頭には立烏帽子か萎烏帽子を被っています。ちなみに立烏帽子と萎烏帽子では，立烏帽子の方が格上です。当時は被り物をしなかったのは僧侶と子供と極貧困の者くらいでした。頭頂を露出する露頂は，貴賤の身分に関係なく，男性にとっては，たとえ身ぐるみ剥がれても被り物だけは取られたくないと思う程に，恥ずかしいこととされていたのです。平安時代には就寝する時でさえ被っていました。しかし鎌倉時代には，平常では被らないこともあり，室町時代にはさらに露頂であることが恥であるという理解はしだいに消えていきます。また被るとしても，折りたたんだ侍烏帽子が一般的になります。ちなみに織田信長のよく知られた肖像画でも，彼は何も被っていません。

Question 17 なぜ女性ばかりが田植えをしているの？
～田植えと田楽～ （『月次風俗図屏風』より）

室町時代 16世紀

新調したそろいの晴着に着飾った「早乙女」（植女）たちが、整然と並んで田植えをしています。これだけの人数がいるにもかかわらず、苗を植えているのはすべて女性です。これは、田植えが神事であることを示しているのです。

❶神事には神の来臨が不可欠ですが、それは日の丸の扇をもち、黒式尉と姥の面を被った男たちによって表現されています。面を被っていることは、猿楽能と共通しています。日の丸の扇は、鎌倉時代以来江戸時代にいたるまで、慶事や戦に欠かせない小道具でした。神は笛・腰太鼓・小鼓・大鼓・編木の囃子にのり、豊作を予祝する言葉を唱えたり、代掻きから穫り入れまでの仕草をして見せます。また時には男女交合の滑稽な仕草をしたりします。それは稲がそのわざに感染して豊かに実を孕むことを祈る呪術でした。

この絵図は『月次風俗図屛風』の一場面です。1年間の農作業の中でも，田植えは短時間に集中的に労働力を必要とする重労働であり，家族だけではとうてい間に合いませんでした。それで室町時代に惣村が発達して農民の自治的結合が強まると，「結」と呼ばれた労働力の相互扶助組織や，隣近所が総出で共同作業にあたることが普通に行われるようになりました。この絵図の中には子供も含めて60余人が描かれており，そのことをよくあらわしています。

　田植えは重要な農作業であるだけでなく，豊作を祈願する神事・儀礼という側面ももっていました。稔りをもたらす神を田に迎えてもてなし，その霊力を田に斎き込めるため，田楽とともに田舞を奉納するのです。早乙女たちが汚れる作業であるにもかかわらず晴れ着をまとい，農民にしては豪華な昼食が用意されているのも，みな田植えが神事であることをあらわしています。

　このような庶民風俗は早くから貴族たちの鑑賞の対象となり，『栄華物語』巻19の治安3年（1023）5月には，土御門邸の藤原道長の前で田植えの田楽が披露され，芸能化していたことが記されています。

❷早乙女（植女）たちの単衣の色は全員が同じわけではありませんが，明らかに色によっていくつかの組に分けられているようです。赤い襷と菅笠はほぼ早乙女全員に共通しています。また笠下に全員が手拭を垂らしています。もちろん汗を拭うためでもありましょうが，手拭は女性が笠を被る際の必需品でした。平安時代以来，身分のある女性の外出着として，市女笠の前に薄い布を垂らす「虫垂れ」を付けましたが，その名残でもあるでしょう。昼食を運んできた女の服装が作業着であることからも，早乙女が神に奉仕している存在であることがわかります。

❸数十人いる早乙女の手の動きが全員同じですが，これはお囃子の調子に合わせて，田植えをしていることを示しています。おそらく田植唄をみなで歌っているのでしょう。

❹団扇をもって早乙女をリードする男性もいます。

❺これだけ大勢で一斉に田植えをすれば，苗の補給もしなければなりません。天秤棒で苗を運ぶ男たち，また苗が途切れないように苗の束を投げる小苗打の姿も見えます。これは主に少年が務めましたが，この絵図では少年ではなさそうです。

❻田植えの祝いの食事を運ぶ様子が描かれています。桶を頭にのせた女は，桂女のように白い布で頭をおおう桂包の姿をして，前垂を懸けています。前垂は江戸時代の商人が着けるものというイメージが強いですが，本来は服の汚れを防ぐために女性が着けるものであり，この絵図が前垂の初見と思われます。また女たちは曲物を頭に載せて運んでいます。女性が大きな物を運ぶ際はこのように頭に載せましたが，その様子は平安時代末期の『扇面古写経』にも描かれています。男たちは被り物を着けたり髷があるので，前の男のように頭ではなく肩に載せて運ぶのが普通でした。

❼画面の下の方では犂を牛に引かせて土を細かくする植代犂が行われて，牛の前で鍬をもつ男は，植代犂をしたあとを鍬でならしています。牛馬耕は，鎌倉時代後期の作といわれる『松崎天神絵巻』にも描かれているように，鎌倉時代から始まっていますが，室町時代には広く普及するようになりました。

『月次風俗図屛風』についてさらに説明しましょう

　「月次風俗図」とは，1年12カ月の月ごとの習俗的行事を描いた絵の総称ですから，固有の絵図の名称ではなく，室町時代から江戸時代にかけてたくさん描かれています。ただし月ごとの風俗や自然を描くことは平安時代には始まり，「月次絵」と称されていました。多くは屛風に仕立てられていますが，屛風は一般には六曲のものが左右2隻でセットになりますから，1面に1カ月を描きますと，12カ月を描くのに都合がよいのです。ただしこの『月次風俗図屛風』は8曲1隻で，第3扇と第4扇全面にまたがって描かれています。従来は室町時代，京都大和絵の絵師の作とされてきましたが，豊臣政権成立後，のちに岩国藩主となる吉川氏の近辺で描かれたものという新説も出されています。

Question 18 連歌の会とはどのようなものだったの？

南北朝時代 14世紀

～連歌の会～（『慕帰絵(ぼきえ)』より）

中世には新しい文芸として連歌が流行しました。連歌とは，和歌の上句と下句を別人が詠んで連続させる歌の文芸で，連歌師と呼ばれる連歌を職業とする人々によって，広く普及しました。絵巻物に残る連歌の会の様子を見てみましょう。

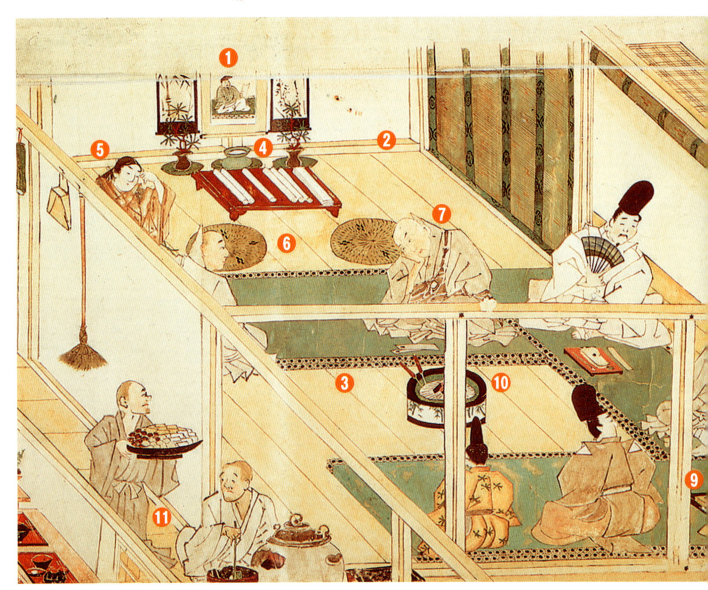

❶ 正面には「歌仙」と称された柿本人麻呂の軸が掛けられています。連歌を嗜む程の人は歌人でもありますから，これでもよいのです。

❷ 部屋の正面には，床から一段高くつくられた押板がありますが，室町時代の後期にはその幅も広がり，床の間に発展することになります。

❸ 床は板敷きで，部分的に高麗縁の畳が敷かれていますが，部屋一面に畳を敷き詰めることは15世紀以降のことです。正座をしている人は一人もいません。正座は部屋に畳が敷き詰められるようになってから行われるようになります。

❹ 柿本人麻呂の軸の両脇には梅と竹の軸が掛けられ，香炉と一対の花瓶が置かれています。花瓶には何か葉が尖った木の枝が生けられていますが，松であれば松竹梅が揃うことになります。その手前の机の上には，すでに詠まれた歌を書いた短冊や巻紙が供えられています。当時，花を生けることは，「立花」と書いて「たてはな」と呼ばれていました。花を生けることは，初めは神仏に対する供花としての意味が強いものでした。しかししだいに鑑賞のための花に変化していきます。この絵図では掛け軸と共に対の花瓶が置かれていて，神仏に対する供花から観賞のための立花に移行する過程のように見受けられます。

上句と下句を単純に連続させる短連歌は，院政期には行われていました。それをさらに連続させる長連歌は「鎖連歌」とも呼ばれ，鎌倉時代に始まり，南北朝期に型式が整えられ，室町時代に隆盛しました。建武の新政を風刺した「二条河原落書」に，「京鎌倉ヲコキマセ（ゼ）テ，一座ソロハヌエセ連歌，在々所々ノ歌連歌，点者ニナラヌ人ソ（ゾ）ナキ，譜第非成ノ差別ナク，自由狼藉ノ世界也」と記されています。「公家風と武家風がごちゃ混ぜになり，調子の揃わない怪しげな連歌会がいたるところで行われ，誰もが判定者になるような，専門家と初心者の区別もなく，気ままで勝手な世界である」と皮肉っているわけです。

　連歌は初めの頃は貴族や寺社などの教養人に愛好され，しばしば月次連歌の会がもたれました。また集団の文芸ですから，「講」という形をとって行われることが多く，菅原道真を祀る「天神講」と結び付いたりしました。連歌の会には，しばしば天神名号や菅原道真像の軸が掛けられていたことが記されています。

　この絵図が収められている『慕帰絵』でも，歌会の部屋が同じようにしつらえられています。

❺ 歌会の座についているのは，僧侶が3人，公家が4人で，左上には稚児が控えています。僧はしばしば美少年を侍童として身近に置いて雑用に使い，学問を教えたりしましたが，女人禁制の僧の社会では，僧の性欲の対象になることもありました。

❻ 畳と机の間には，藁座（円座）が2つ置かれています。

❼ 中央には，この絵巻物の主人公である覚如が，素絹の衣（練られていないごわごわとした無地の絹でつくられた僧服）をまとい，短冊を前にして苦吟しています。

❽ 公家たちは狩衣姿で立烏帽子を被り，扇を使ったり，左手で短冊をもちながら，筆をもった右手で頭を掻いています。狩衣は現在では一般に神職の衣として用いられています。

❾ 公家の前には硯が置かれています。

❿ 中央には火箸の刺さった火桶（火鉢）が置かれています。これは平安時代から用いられていますが，部屋が仕切られるようになってさらに普及しました。

⓫ 画面の左下には，廊下に据えられた茶釜で湯を沸かしたり，菓子を盛った鉢をもつ若い僧が見えます。もうそろそろ歌会が終わり，一献の茶がふるまわれた後には，食事となるのでしょう。

⓬ ちり取りと箒が懸けられていますが，基本的な形は現在もかわっていません。

『慕帰絵』についてさらに説明しましょう

　『慕帰絵』は親鸞の末娘である覚信尼の孫で，本願寺第三世法主である覚如の一代記を，その没年の1351年（正平6）に，その子慈俊が父を追慕して描かせた絵巻物で，「慕帰」とは「帰寂」（入滅）を恋い慕うという意味です。この場面は，覚如が自分の歌集である『閑窓集』を編纂しようとしているところで，必ずしも連歌の場面とは言い切れないのですが，いろいろな連歌の会の記録と照合しても，連歌の会もこのようなものであったと考えられています。

　将軍足利義持の頃，伏見宮貞成親王（後花園天皇の父）の『看聞日記』には，月次連歌の会のしつらえが事細かに記されています。それによれば，正面には「天神名号」の軸，その両脇に天神ゆかりの梅の掛け軸を掛け，その前に机1脚が置かれ，その上に花瓶と香炉が供えられています。このように天神を祀り，花瓶や香炉を置く連歌の会のしつらえは，南北朝期に連歌を大成した二条良基の頃から行われるようになりました。

Question 19 室町時代 15世紀

応仁の乱での足軽はどのような兵士だったの？
～応仁の乱・足軽～（『真如堂縁起絵巻』より）

およそ10年にわたる応仁の乱ですが，延々と一つの合戦をしていたわけではなく，様々な武力衝突の集合というべきものでした。そのような中で縦横無尽に活躍したのが軽装歩兵の足軽です。彼らの戦いの様子を見てみましょう。

❶この絵図は，応仁の乱が始まって間もない1467年（応仁元）9月，真如堂に近い南禅寺南方の東岩倉合戦の場面です。応仁の乱の緒戦は東軍が優勢だったのですが，7月に周防から大内政弘が大軍を率いて上洛すると，西軍は一気に優勢となりました。大内軍の上洛阻止に失敗した東軍の部隊は，大内軍を追って入洛しようとしたのですが，すでに下京を占拠されて入れません。そこで東に大きく迂回して，南禅寺の裏山にあたる岩倉山に陣取ったのでした。これを西軍が攻撃したのが東岩倉の合戦です。東軍はよく持ち堪えたのですが，この結果，東山一帯の由緒ある寺社の大半が焼亡してしまいました。

❷絵図の右上には，小高い山の上に楯と幔幕で囲んだだけの本陣と，楯を並べただけの櫓が見えます。

❸中央では両軍が入り乱れての白兵戦となっていますが，新旧の武装をした部将や兵が混戦していることが注目されます。騎馬武者は鍬形付の冑や星冑，色鮮やかな威の大鎧（あるいは大袖に腹巻でしょうか）を身に着け，重藤の弓や戦闘には役に立ちそうもない日輪の軍扇をもち，源平の争乱さながらの出で立ちです。

❹一方，徒立の兵は冑すらなく，あってもせいぜい烏帽子程度。下卒用の簡単な鎧しか身に着けていません。兵の多くは，腹に巻いて右脇で合わせ，紐で結ぶだけの腹巻（現在は「胴丸」と呼ばれる）ですが，中央下部で槍を突いている兵は背中が見えていて，腹巻より軽装の胴丸（現在ではこちらが「腹巻」と呼ばれる）を身に着けています。この胴丸は，右ページの図の足軽も身に着けているように，最も下等な鎧でした。また腹巻も胴丸も腿を覆う草摺が細く何枚かに分かれていて，前後左右4枚の大鎧よりはるかに実戦的です。

❺薙刀をもっている兵がいますが，薙刀が最も広く使われていたのは源平の争乱の頃です。徒立の集団戦では振り回す武器の薙刀は扱いにくく，かわって鎌倉末期から普及し始めた槍がこれにとってかわります。武術の心得がない足軽にとっては，柄の長い槍は有効な武器でした。

『真如堂縁起絵巻』には足軽の乱暴が描かれていますが、一口に「足軽」といっても、時代によって大きなちがいがあります。「足軽」という言葉は早くも『平家物語』『保元物語』『平治物語』『源平盛衰記』などの軍記物に登場しますが、当時の戦闘は一騎討ちを基本としていましたから、その活動は攪乱などの副次的なものでした。しかし応仁の乱のように大義名分に欠け、状況によってはすぐに寝返るような戦闘が続くと、数に物をいわせる集団戦法の戦闘が主流になり、しだいに足軽の活躍する場面が増えてきます。足軽には主従関係などは重要ではなく、利によってどちらにもつく傭兵ですから、その乱暴は無秩序で節度がありません。そして戦国時代には鉄砲隊・長槍隊・弓隊などに組織された部隊として活躍するようになり、さらに江戸時代には苗字帯刀を許され、下層の武士として行政の末端の任務にあたる存在に変化していったのです。

❻もう一枚の絵図は、足軽が真如堂を破壊している場面です。床や縁の板が剥がされていますが、これは陣所の構築に転用するためと思われます。

❼さすがに擬宝珠の高欄は使い道がないのか、打ち捨てられています。

❽槍を梃子がわりに縁の板を剥がそうとしていますが、足軽の武器はやはり槍が多いようです。

❾全員素足で、鎧さえない者もいます。鎧を着ているとしても、背中の割れた胴丸（現在の呼称は「腹巻」）で、草摺が何枚にも分かれているのがわかります。

❿騎馬武者が制止していますが、止める気配すらありません。

『真如堂縁起絵巻』についてさらに説明しましょう

　真如堂は京都にある天台宗の真正極楽寺の通称で、寺伝によれば、永観2年（984）、延暦寺の僧戒算が、円仁作と伝えられる比叡山常行堂の阿弥陀如来像を、東三条女院（藤原詮子、一条天皇母）の離宮があった現在の地に安置したことに始まるとされています。しかし応仁の乱に際しては堂塔が破壊され、本尊は都の内外を転々と避難しました。そうしてようやく1521年（大永元）にもとの場所に再建されました。その阿弥陀如来像の由来や真如堂にまつわる霊験譚を描いた『真如堂縁起絵巻』が描かれたのは、その直後の1524（大永4）であることが奥書によって明らかです。しかしその後、豊臣秀吉の聚楽第建設にともない移転させられたのですが、そこでも火災にあい、1693年（元禄6）東山天皇の勅により、再び現在の位置に再建されたのでした。

　応仁の乱における足軽の乱暴狼藉について、当時「日本無双の才人」と評された一条兼良は、将軍足利義尚に献呈した『樵談治要』において、次のように述べています。「此たひ（度）はしめて出来れる足かるは、超過したる悪党也。其故は洛中洛外の諸社諸寺五山十刹公家門跡の滅亡は、かれら（彼等）か所行也。かたき（敵）のたて籠たらん所にを（於）きては力なし。さもなき所々を打やふり、或は火をかけて財宝を見さく（探）る事は、ひとへにひる（昼）強盗といふへし。かゝるためしは前代未聞のこと也」と。

　また、飯尾彦六左衛門尉常房という武士が都の荒廃を嘆いて、「汝やしる都は野辺の夕雲雀あかるを見ても落るなみた（涙）は」と詠んだことが『応仁記』に記されています。古来、雲雀の歌は雲雀が上がることと何かが下がることをセットにして詠むのが常套で、古典和歌に余程精通した人物と驚いたのですが、なんと足利義政の右筆を務めた程の人でした。そのような立場にあった人ですから、なおのこと嘆かわしく思ったのでしょう。

　このような足軽の乱暴狼藉などの戦禍によって、泉涌寺・聖護院・永観堂・青蓮院・六波羅蜜寺・清水寺・若王子社・白毫寺・南禅寺・建仁寺・祇園社・上御霊社・相国寺・龍安寺・大覚寺・西芳寺・伏見稲荷大社・大徳寺・仁和寺・下鴨神社・上賀茂神社・船岡山神社・神護寺などの他、室町第（花の御所）・公家の屋敷や土倉・酒屋の他、市街一帯が焼け、京の都は焼野原になったのでした。

謎トキ
日本史
写真・絵画が語る歴史

近世編

第3章 近世

Question 20 戦国時代 16世紀

合戦で鉄砲はどのように使われたの？
〜長篠の戦い〜（『長篠合戦図屏風』より）

1543年に日本に伝来した鉄砲は，命中精度や装填時間の問題から，散発的に用いるだけでは決定的な戦力にはなりえませんでした。長篠の戦いから，戦場で鉄砲を生かした織田信長ら戦国大名の工夫を読み取ってみましょう。

❶ 右端の第一扇には，寒狭川（現在は豊川）と大野川（現在は宇連川）が合流する場所の断崖絶壁の上にある長篠城と，右下に鳶ケ巣山砦が描かれています。鳶ケ巣山砦奇襲成功を受けて，奥平勢も城門を開いて武田勢を追撃していますが，城門で冑を被っていない部将が奥平信昌と思われます。

❷ 第二扇には武田勝頼の本陣が描かれています。勝頼は白地に「大」と書かれた馬印を使っていました。その右上には，武田四天王に数えられた馬場信春の最期が描かれています。

❸ 第三・四扇には，連吾川を挟んで両軍対決の最前線の様子が描かれています。中央には織田ではなく徳川の鉄砲隊が描かれているのは，この屏風が徳川氏の立場から描かれた作製意図をあらわしています

❹ 苦戦しているのは，武田勢左翼の大将山県昌景の率いる部隊です。絵図ではすでに山県は撃たれていて，家臣がその首をもって引き返す場面が描かれています。

❺ 馬防柵の前面に出ている鉄砲隊もあり，柵の背後から狙ったとは限らないようです。銃口から噴き出す煙は黒っぽく見えますが，黒色火薬の煙は実際には白煙で，決して黒くはありません。ただし原本の成瀬家本には煙は描かれていません。徳川方の鉄砲隊の武装装束には統一性が見られず，寄せ集めの鉄砲隊のように見受けられます。それに対して，上の方に描かれている織田方の鉄砲隊には統一性が見られますから，鉄砲隊として訓練されていたと考えられます。また「足軽の鉄砲隊」とよくいわれますが，応仁の乱の頃の「足軽」とは異なり，武装も整っています。

織田・徳川連合軍は3000挺の鉄砲を3段に分けて一斉に射撃し，武田の騎馬隊を壊滅させたと一般には理解されています。しかし信長の家臣であった太田牛一が書いた，比較的信用のおける『信長公記』には，「千挺」と記されています。また弾込めに時間のかかる火縄銃を3段撃ちにして，交替しながらいつでも一斉射撃ができたという定説的理解についても，近年は疑問視されるようになりました。また緒戦では武田軍右翼の馬場信春，土屋昌続（昌次），真田信綱・昌輝兄弟（真田幸村の伯父）らの部隊が馬防柵の内側まで侵入する大活躍を見せていることからも，織田・徳川方の鉄砲隊が武田方を圧倒したというのは，事実に反するということができるでしょう。

　しかしたとえ有効射程距離が100mに満たなくても，1分間に2～3発しか撃てなかったとしても，1000挺の鉄砲の効果はそれなりにあったはずです。戦いは早朝から昼過ぎまで続きました。結局甲斐に戻れた武田勢は，誇張はあるでしょうが総勢1万5000人のうち3000人程であったとされています。もっとも武田勢の犠牲者は退却する時に討ち取られた者が多く，鉄砲による戦死者とは限りません。

（© 徳川美術館イメージアーカイブ/DNPartcom）

❻第五，六扇目には織田・徳川勢の本陣が描かれ，信長の嫡男信忠，家康の嫡男信康の他，羽柴秀吉・滝川一益・丹羽長秀ら諸将の姿が描かれています。

❼金扇の馬印を押し立てた家康の本陣が最も目立つ位置に置かれ，その周囲には家康の有力諸将が配されています。長篠の戦いというとすぐに信長を思い浮かべますが，この長篠合戦図屏風では，やはり主役は家康のようです。

長篠の戦いについてさらに説明しましょう

　長篠の戦いの契機の一つは，武田氏と徳川氏による長篠城の争奪戦でした。長篠城は信濃国から伊那谷を通って東海道に進出する途中の要地に位置しています。長篠城主となる奥平氏は，弱小豪族の悲哀で，周囲の今川・徳川・武田氏のいずれかに属することによって勢力を維持していました。その頃武田氏に属していた奥平貞能・信昌父子は，武田勝頼の大将としての器量に疑問をもち，徳川家康の誘いに応じて帰順することを密かに申し出たのですが，それに対して家康も長女亀姫を信昌と結婚させる約束をしていました。そして長篠の戦いの2年前には武田方から徳川方に転じ，家康によって武田方から奪還した長篠城に配されていたのです。

　そして1575年（天正3）5月，武田勝頼が1万5000人の兵を以てその長篠城を包囲したことから戦いが始まりました。わずか500人の長篠城の守備隊はよく持ち堪えていましたが，兵糧倉を攻め落とされ落城は時間の問題です。しかし長篠城の急報に接した徳川家康は織田信長に援軍を要請し，約3万人の織田軍と約8000人の徳川軍が長篠城の西方約4kmの設楽原に到着しました。しかし名前は「設楽原」でも，実際の地形は丘陵に挟まれた水田地帯で，しかも梅雨時です。ぬかるんでいるために，大軍を展開させたり，騎馬軍団が自由に駆け回ることのできる地形ではありません。軍勢の数については，双方に誇張があるのでしょうが，武田方が数では劣勢であったことは確かです。

　織田信長は意図してそのような地形の場所を決戦場として選んだのでしょう。そして連吾川を天然の堀に見立て，川に沿って二重三重の空堀を構築し，武田方の誇る騎馬隊の突進を抑制する馬防柵を随所に押し立てて，当時の日本の合戦にはあまり例のない防御陣地を構築しました。武田方もそれを受けて，長篠城包囲の3000人を残し，本隊は織田・徳川軍から2kmほど離れて相対したのでした。

　せっかくの陣地も，武田方をその前面に誘い出さなければ意味がありません。そこで信長は4000人の別働隊を編成して密かに武田軍を大きく迂回させ，翌21日の夜明けには長篠城を包囲する鳶ケ巣山砦など5つの砦を奇襲させます。作戦は成功し，砦を守備していた武田信実（信玄の弟）は討たれてしまいました。そして長篠城の奥平勢は籠城から解放されたばかりでなく，敗走する武田勢を追撃し，結果として武田方は退路を断たれた恰好になりました。

　退却できない以上，武田勝頼としては乾坤一擲の全軍突撃以外に選択肢はありませんでした。

Question 21 江戸時代の日本でも遠距離航海が行われていたの？

江戸時代 17世紀

～朱印船～（『朱印船の絵馬』より）

「鎖国」をしていたとはいえ，近世以前の日本には外洋航海可能な大型船をつくる技術がすでにありました。ここでは東南アジアとの貿易などに用いられた近世初期の朱印船を見てみましょう。

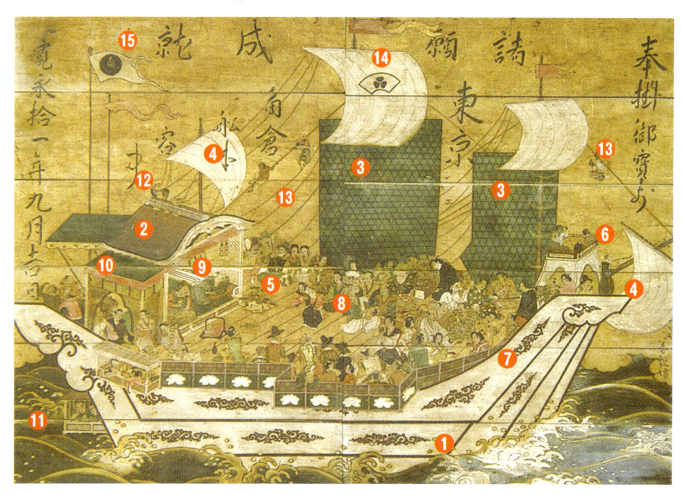

❶ 絵馬では船体は意匠化されていて写実的ではありません。基本構造は中国のジャンク型ですが，他の船絵馬を見ると，船尾楼や舵などに西洋の船の特徴も採り入れられています。

❷ 楼の屋根は日本風の唐破風になっています。和洋中が折衷された船だったわけです。

❸ 2本の高いマストには竹を編んだ網代帆が，マストの上部から吊られるように張られています。この構造は一見してヨーロッパの帆船より技術的に劣っているように見えますが，横風に対する安定性が強く，帆が弛まないため弱い風でも強い推進力を得られ，マストを軸にして帆の向きを簡単に切り返すことによって風上へも進むことができました。

❹ 船首や船尾，また網代帆の上部には補助の横帆を張り，推進力をさらに強化させています。

❺ 船体は写実的には描かれていないのですが，甲板の人々については，実に細かいところまで描かれています。十数人は明らかに南蛮人のようです。また中国人らしい服装も見え，数は少ないですが子供や女性もいます。

❻ 船首には長い煙管をくわえた南蛮人が立っています。

❼ 琉球から渡来して間もない蛇皮線を日本風に改良した三味線を弾く男，盤双六や南蛮渡来の遊びである歌留多を楽しんでいる人たちもいます。

江戸時代の外交というと「鎖国」のイメージが強いのですが，17世紀初頭から徳川家光の1635年（寛永12）までのわずか三十余年間には，実に大胆に東南アジア各地に出かける朱印船貿易が行われていました。「異国渡海御朱印状」という幕府の渡航許可証をもつ朱印船は，1604年（慶長9）から1635年（寛永12）の鎖国令までの32年間に356隻にのぼっています。しかしその年に日本人の海外渡航と海外からの帰国が全面的に禁止されると，朱印船貿易は途絶してしまいました。

　当初は，日本には東南アジアまで渡航できる大型の船はなく，中国やシャムで購入した船が使われましたが，のちには国内で建造された例もあります。角倉船に乗った天竺徳兵衛が長崎奉行に提出した見聞録『天竺渡海物語』によれば，角倉船は長さ20間（36m），幅9間（16m），397人（その中，乗組員は80人）が乗船したといいます。朱印船はすべて帆船ですから，季節風を利用して航海しました。冬の北東季節風にのって長崎から出帆し，夏の南西季節風にのって帰国しますから，往復するのに半年もかかりました。

❽甲板の中央では鼓に合わせて，扇をもった若衆が舞い，南蛮人たちが眺めています。

❾船尾楼には船主らしき日本人と南蛮人が酒を飲みながら踊りを眺めています。酒器はその形からして南蛮渡来のギヤマンと思われます。

❿船尾楼の横には調理場があるらしく，酒や料理の用意をしています。

⓫船尾の船外に突き出た部分はトイレを兼ねているようで，船酔いしている男性が嘔吐をしています。

⓬船尾楼の屋根には，鶏が5羽も遊んでいます。放し飼いにしても飛んで逃げる心配はなく，いざとなったら食料になるのでしょう。

⓭帆を張る綱には3人の水夫が上がっていますが，2人は日本人ではなく，黒人であるかもしれません。

⓮メインマストの帆に描かれている酢漿草紋（かたばみもん）は角倉家の家紋です。

⓯船尾の旗竿には「角」の字の入った日の丸の旗が翻っています。日の丸の旗は末吉家の朱印船を描いた絵馬にも描かれていて，国籍をあらわす旗として早くも用いられていました。

朱印船貿易についてさらに説明しましょう

　出航する日本の港は長崎で，渡航先は，台湾の高砂，フィリピンの呂宋（ルソン），ベトナムの東京（とんきん）・安南（アンナン）・交趾（コーチ），暹羅（シャム）の占城（チャンパ）・アユタヤ，柬埔寨（カンボジャ），マレー半島のパタニなど，赤道以北の東南アジア一帯に及びました。

　船主となったのは主に長崎・大坂・京都の豪商で，長崎の荒木宗太郎や長崎代官にもなった末次平蔵，京都の茶屋四郎次郎，角倉了以，大坂の末吉孫左衛門などがいます。また長崎の代官村山等安や，大名では薩摩の島津忠恒，平戸の松浦鎮信（しげのぶ），有馬の有馬晴信，佐賀の鍋島勝茂，肥後の加藤清正など，家康の外交顧問となったオランダ人のヤン・ヨーステンもその一人です。特に派遣回数が多いのは，角倉了以・素庵父子の角倉家で，17回にも及んでいます。中でも変わり種は荒木宗太郎で，船主自ら船長となって渡海し，安南王族の娘を正妻に迎えて長崎に連れ帰り，仲良く添い遂げました。

　日本からの輸出品は，銅・銅器・刀剣・漆器・蒔絵・屏風・扇子・蚊帳・麦粉・硫黄・傘などで，輸入品は，生糸・毛織物・絹織物を中心として，他には砂糖・薬品・染料・香木・陶磁器・鉛・象牙・鮫皮・鹿皮などでした。特に江戸時代初期には日本の銀の産出量は世界の銀生産量の3分の1を占めていましたので，銀は最も重要な輸出品でした。これが石見銀山が世界遺産に登録された大きな理由となっています。

　この絵図は，寛永11年（1634）に派遣された最後の角倉船が描かれた絵馬で，縦2.67m，横3.6mもある大きなものです。「奉掛御寶前」「諸願成就」「東京角倉船本客中」と書かれているように，角倉船が東京（とんきん）から無事に帰国できたことを感謝して，京都の清水寺に奉納されたものですが，時期から見て，角倉了以の子素庵の次の代のものでしょう。

Question 22 江戸はどのような都市だったの？

江戸時代 17世紀

～江戸の町～（『江戸図屏風』より）

江戸は18世紀前半には人口が100万人に達したと推測されており，世界有数の大都市でした。江戸城を中心に区画分けされた土地に人々が暮らしており，現在の東京にも当時の土地利用に由来する地名が多く残っています。

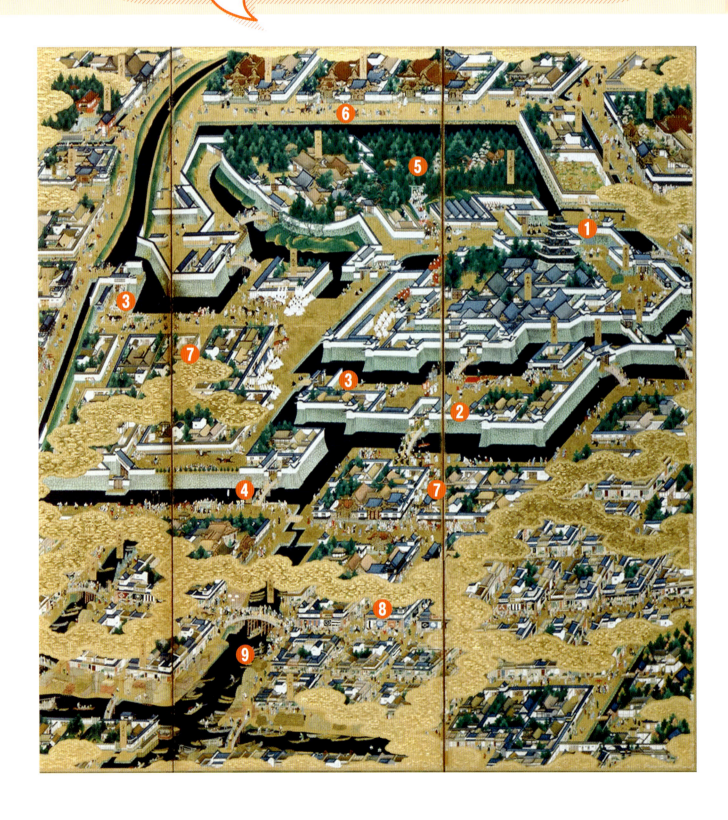

江戸の町を空から俯瞰すると，どのように見えるのでしょうか。実はそれに応えてくれる絵図があります。それは『江戸図屏風』と呼ばれていて，162.5×366.0cmの六曲一隻の屏風が，左右二隻もある大層立派なものです。この屏風は京都の日蓮宗の本圀寺に伝えられたのですが，寺の諸事情があったのでしょう。戦後の混乱期に個人に売却され，長い間行方不明となっていました。それが1997年（平成9）に古美術市場に再び姿を現わし，現在は国立歴史民俗博物館に所蔵されています。ただ「江戸」とはいっても北は埼玉県の鴻巣や川越から，南は品川まで広範囲を視野に入れていますから，この紙面の大きさでは全体像を見ることができませんので左隻の江戸城周辺を中心に見てみましょう。

❶江戸城でまず目に付くのは，1657年に焼失した天守閣が描かれていることです。江戸城の天守閣は，家康と秀忠と家光が3代続けて建立しましたが，場所から見て秀忠の元和の天守閣か，家光の寛永の天守閣です。寛永年間の様子が描かれていますから，3代目の天守閣と考えるのが自然でしょう。天守閣の高さは約45m。天守台の石垣の高さも加えると約58mになります。もともと本丸の標高が20mありますから，高い建物のなかった当時は，周囲を圧する高さだったことでしょう。

❷正門である大手門では，方形の枡形を城門の内側に構えた内枡形を確認できます。門の手前の本丸大手門橋を渡っているのは朝鮮通信使の一行で，大手三ノ門・下乗橋の手前右では，通信使が将軍への献上品を広げて確認をしています。拡大すると虎の皮が見えるのですが，この縮尺ではわかりません。

❸大手門を潜って左に突き当たったところの門が内桜田門（桔梗門），さらに左やや上の外堀に面しているのが外桜田門（桜田門）です。両桜田門の間には登城する武士の一行が見えますが，大名や旗本が登城する場合は，大手門か桜田門から入ることになっていました。

❹大手門の左下に見えるのが和田倉門と和田倉橋です。和田倉門の内側には馬場があり，馬の早駆けが行われています。そのため，和田倉橋の左に見える橋の架かっていない開かずの門（不開門）は，馬場先門と呼ばれるようになりました。

❺本丸の上の木が茂っているあたりは，江戸城で最も標高の高い紅葉山で，「紅葉山東照大権現宮」，つまり家康の霊廟があります。その左が西の丸です。東照宮の階段を下りてくるのは，参拝を済ませた家光とその一行と思われます。

❻西の丸から堀を隔てた上には尾張・紀伊・水戸の御三家の屋敷が並んでいます。このあたりは「吹上」と呼ばれ，現在は吹上御所や吹上御苑となっています。

❼大手門手前の一等地には，主に親藩・譜代大名の屋敷が並び，外桜田門のあたりには外様大名の屋敷が並んでいます。大名屋敷には殊更に豪華な門と普通の門が並んでいることがありますが，その豪華な方は将軍専用の御成門です。将軍の御成は大変名誉なことで，競って豪華な門が建てられました。

❽町屋は方形に区切られ，中央に空き地が設けられています。店の間口の幅によって課税されたので，江戸時代初期には間口1間半，奥行き2間の小さな店が多いのですが，間口は狭くても，奥には立派な蔵をもつ店もあります。2階の天井の低い中2階や，隣家と接する切妻屋根の両端部の壁を少し高くして屋根を乗せた「うだつ」をもつ家もあります。うだつには防火壁や屋根の端部を風雨から守る機能があるのですが，店の格式や繁栄をあらわすものと理解され，出世できないことを「うだつが上がらない」というようになりました。このような町屋の様子は，大手門の下の方に見える日本橋北詰周辺でよくわかります。

❾日本橋の北詰の河岸には魚河岸があり，運んできたばかりの魚を舟から降ろしています。その少し下の小網町の河岸には米俵が山と積まれ，その対岸の材木町には材木が立て並べられています。今でこそ日本橋は舟運には無縁ですが，当時は隅田川を経てすぐに海に出られる位置にありましたから，魚や舟で輸送される米や材木専用の河岸が形成されたわけです。舟は小舟ばかりですが，さすがに大型の廻船は入ってこられませんので，小舟に積み替えて運んで来るわけです。

『江戸図屏風』についてさらに説明しましょう

　4代将軍家綱の1657年（明暦3）1月の明暦の大火（振袖火事）により，江戸城の天守閣・本丸・二の丸は焼失してしまいました。幅広い堀があったにもかかわらず，火の粉をともなった熱風によって類焼したというのですから，その火勢はすさまじいものであったにちがいありません。その後，天守閣を再建するため，焼石を取り除いて石垣だけは完成したのですが，家綱を補佐する保科正之（家光の異母弟）の建議により，江戸市街の復興を優先するため，再建されないまま現在にいたっています。そういうわけで，焼失前の天守閣が描かれている『江戸図屏風』は大変に貴重なのです。

Question 23 江戸時代 17世紀

出島はどのような場所だったの？

～出島～（『出島阿蘭陀屋舗景』より）

江戸時代には海外への4つの窓口がありました。すなわち長崎口（清・オランダ），対馬口（朝鮮），薩摩口（琉球），松前口（アイヌ・ロシア）です。ここではヨーロッパへの唯一の窓口である長崎口の出島の様子を見てみましょう。

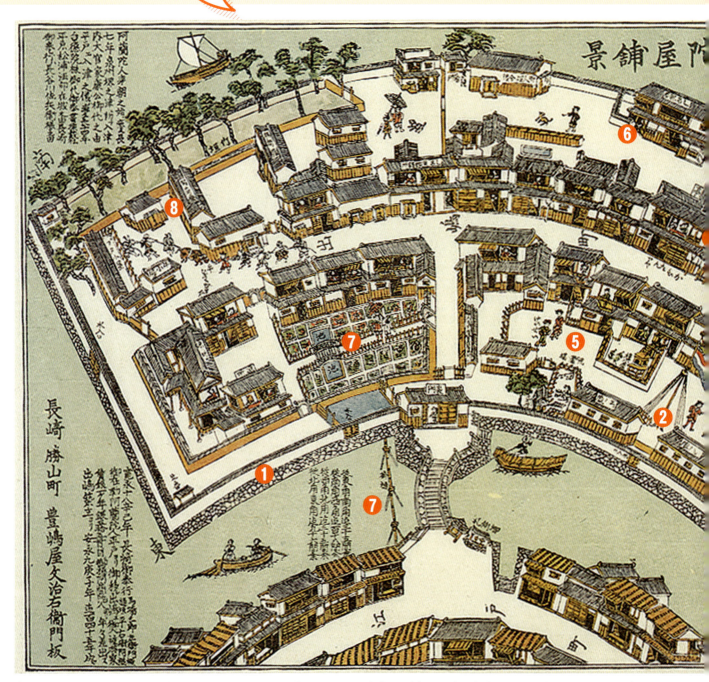

❶出島の周囲は忍返しの付いた高い板塀で囲まれており，手前にある江戸町との往来には，出島橋を渡らなければなりませんでした。そして出島に出入りできたのは，長崎奉行所の役人や通詞，貿易事務に従事する町年寄や乙名，取引商人及び丸山の遊女だけで，通詞は世襲制でした。またオランダ側についても，「甲比丹」と呼ばれた商館長一行が毎年江戸に参府する以外は，出島の外に出ることは原則として禁止されていました。商館付医官のドイツ人シーボルトが長崎郊外に鳴滝塾を開いたのは，特例でした。

1634年（寛永11），ポルトガル人を移すために，江戸幕府は長崎の25人の豪商に命じて，長崎の江戸町海岸に出島を築かせました。オランダ貿易で知られた出島ですが，本来はポルトガルのためにつくられた貿易拠点だったのです。しかし島原の乱が鎮定された翌年の1639年（寛永16），幕府はポルトガル船の来航を禁止し，ポルトガル人を国外に退去させると，平戸のオランダ商館の石造倉庫に，キリスト紀元の年号が見つかったことを口実として，1641年（寛永18），空家になっていた出島に，オランダ商館を強制的に移転させました。これ以後，安政の五カ国条約が締結されるまでの二百余年間，欧米に対して開かれた，唯一の窓口になるのです。

　出島の絵図は多く伝えられていて，建物の数や配置は少しずつ異なっています。この絵図は長崎勝山町の版元豊島文治右衛門が，1780年（安永9）に開版したものに，のちに色付けしたものです。現在復原が進められている配置と同じではありませんが，基本的な配置は共通しています。

❷北（画面の手前右）の隅には，オランダ東インド会社の倉庫が並んでいます。そしてその前の広場にはオランダ国旗が掲げられています。

❸北西の端には貿易品の積み出しや荷揚げを行う水門があり，輸出用と輸入用の2つの出入り口があります。

❹水門から中央の街路を進むと，商館次席である「ヘルト」邸，続いて商館長である「カピタン」邸が並んでいます。

❺広場には洗濯場や鳩小屋があります。また広場には「けいせい」（傾城）と注記された2人の遊女が見えます。

❻西の隅には通詞部屋，続いて煙の立ち上がる料理部屋の「コンパンヤ」，貿易事務を担当する乙名のいる「乙名部屋」が並んでいます。

❼東部地区一帯には，単調な生活を紛らわせる娯楽施設があります。園池には花が咲き，黒人の召使に日傘をさされた商館員が散歩をしています。「涼所」には遊女らしき姿も見えます。中にはビリヤードの設備があります。表門にいたる橋と平行して，掛樋が見えますが，海岸の埋立地では良質な真水が得られなかったからです。また橋の手前には，出島に関する高札場が見えます。

❽南の隅には「ブタ小屋」と「牛小屋」が並び，今まさに牛が屠殺のために引き出されるところです。オランダ人の食卓を描いた図が残っていますが，牛の首がそのまま皿に載っています。その他にも山羊・家鴨・鳩・犬などが飼育されていました。牛小屋の側の脇荷蔵は，商館員個人用の倉庫です。

出島についてさらに説明しましょう

　出島には時期によって増減がありますが，40～60軒の建物があり，十余名の商館員の他に，料理番・大工・鍛冶・バター製造人・旗縫工・黒人の従者なども住んでいましたが，原則としてすべて男性です。船が来るのは旧暦の7月に1回で，約2カ月間碇泊しました。船の数は通常は1回に2隻，1621～1847年の227年間に約700隻に及びました。そのため彼らは狭い出島の中で単調な生活に耐えなければならなかったのです。

　しかし，出島における貿易は，彼らにとって十分に経済的魅力のあるものでした。日本の輸入品の第1位はベンガルやトンキン産の生糸で，他に各種の織物，牛や鹿の皮，鮫皮，錫・鉛・水銀などの金属，香木，香料，砂糖などで，利益率は10～30割もあったということです。日本からの輸出品で最も重要なものは銀で，他には銅・樟脳・陶磁器・漆器などがありました。オランダ東インド会社のVOCの社章が書かれた伊万里焼はよく知られています。また幕府は商館員の個人的取引も一部認めていたので，その利益も大きいものでした。貿易が順調に行われた時期には，退屈ではあっても魅力のある出島生活であったにちがいありません。

　出島は周囲約560m，面積約1500㎡しかなく，扇形に埋め立てたことから「築島」とも「扇島」とも呼ばれました。しかし1904年（明治37）に周囲が埋め立てられて原形を失い，わずかに江戸町との間を隔てた堀川が残っているにすぎませんでした。しかし最近は発掘調査や復原が進み，かつての景観を取り戻しつつあります。

　余談ではありますが，「ギヤマン」と呼ばれたガラス器を箱に詰める際に，クッションとしてクローバーの干草が用いられました。その種から繁殖した草は「オランダゲンゲ」と呼ばれましたが，これが現在のシロツメクサ，つまり白詰草のことで，「詰草」という名称がその用途をあらわしています。

Question 24 江戸時代18世紀

江戸時代の交通の起点はどのような場所だったの？
～日本橋～（『東海道五拾三次』より）

　日本橋は五街道（東海道・中山道・甲州道中・日光道中・奥州道中）の起点であり，江戸の人々はここから旅を始めました。なお，Question22（50ページ）でも日本橋を扱っています。江戸のどのあたりにあるか探してみてください。

❶画面の手前の左右には，木戸が開かれているのが見えます。一般の町木戸が開くのは卯の刻の明け六つでしたが，日本橋の木戸が開くのは寅の刻の七つ，おおよそ午前4時頃でした。ただし異説もあります。江戸時代の時刻制度では，まず日の出と日の入りを境に昼と夜を区分し，日の出前の薄明るくなった頃を「明け六つ」，日の入り後の薄明るさの残る頃を「暮れ六つ」と称しました。そして昼と夜をそれぞれ6等分して，昼夜とも順に六つ，五つ，四つまで下がると，九つに戻り，また八つ，七つと，四つまで下って数えました。日の出と日の入りの時間は季節によって前後しますから，一刻の長さは季節によって異なります。これを不定時法といいます。この時刻は大きな町では時の鐘を打ち鳴らす数で知らされます。最初に注意を喚起する捨て鐘を3回鳴らし，その後で時刻の数だけ鳴らすのです。日本橋では本石町3丁目（現在の日本橋本町4丁目）に鐘があり，それを合図に木戸が開かれました。

❷画面ではちょうど大名行列が橋を渡ろうとしています。先頭には衣類などを収める金紋を付けた挟箱（先箱）を担いだ中間（武家奉公人の一つ）が歩くのが普通で，これを「金紋先箱」と称しました。その後には槍持と陣笠を被った御徒士が続いています。槍鞘は大名により形が異なり，『武鑑』と呼ばれる大名のいわば紳士録に登録され，一般にも販売されていましたから，庶民でも先箱の紋と槍鞘の形で，何家の行列かすぐにわかるものでした。橋や大名行列は一部しか描かれていません。このような技法は浮世絵にはよく見られることで，平面的な絵画に動きを感じさせる効果を生んでいます。大名行列が橋から湧き出てくるように見えませんか？

❸絵の上端の「一」の字を引いたようなぼかしは「一文字ぼかし」と呼ばれ，浮世絵には常套の技法ですが，この場合は朝焼けの場面ですから一層効果的です。

徳川家康が征夷大将軍となった1603年（慶長8），最初の日本橋が架けられました。それ以来，江戸時代の五街道の起点は日本橋とされましたが，現在でも日本橋の中央部には，佐藤栄作元首相の揮毫による「日本国道路元標」が埋め込まれていて，国道1号線を初めとする，東京から延びる多くの国道の起点になっています。また初代の日本橋の北側部分を原寸で復元したものが，江戸東京博物館に展示されています。現在の2連アーチの石橋は長さ49m，幅27mあり，1911年（明治44）に完成したものです。現在は高速道路の下に隠れて影が薄くなっていますが，それでも立派に重要文化財に指定されています。

　この絵図は歌川広重の名作『東海道五十三次』の第一枚目で「日本橋朝之景」という題が付けられています。ここが東海道の起点ですから，旅に出立する早朝の日本橋は，第一作目には実に相応しいといえるでしょう。ちなみに東海道の終点は京都三条大橋です。この場面は朝焼けの方角を臨んでいますから，橋の南詰の木戸，つまり東海道側から中山道の方を向いて描かれています。

❹江戸時代末期から明治時代にかけて流行した俗謡『お江戸日本橋』の一番には，
　「お江戸日本橋　七つ立ち　初のぼり
　　行列そろえて　あれわいさのさ　こちゃ高輪
　　夜明けの提灯消す　こちゃえ　こちゃえ」
と歌われています。「初のぼり」とは，直接的には初めて京の都に行くことですが，具体的には10年近く勤めた丁稚が長期休暇を与えられて，上方の故郷に帰郷することを意味しています。その丁稚たちや未明に江戸を出立する人たちが，「行列そろえて」木戸の開くのを待っていたのでしょうか。この行列は大名行列の「行列」ではありません。日本橋から6km離れた高輪の大木戸に着く頃には夜が明けて，提灯の火を消すという意味ですから，日本橋を出立する時には，提灯が必要な程にまだ明るくなかったことになります。ですからこの絵図はすでに明るくなって日の出の時刻である明け六つの頃の様子でしょう。この絵図はよく「七つ立ち」と説明されることがありますが，七つの時刻はこれほど明るくはありません。ちなみに夜明け前に日本橋を出発し，十里（約40km）歩いて戸塚宿で1泊するのが普通でした。

❺橋の南詰左側には高札場が見えています。
　「ふる雪の白きをみせぬ日本橋」
　　　　　　（宝暦7年の『萬句合（まんくあわせ）』）
と川柳に詠まれた程人通りの多い橋でしたから，日本橋の橋詰は高札場には打って付けでした。

❻遠くの屋根の上や高札場の側に火の見櫓が見えます。

❼右端には犬が2匹いますが，「江戸に多きものは伊勢屋稲荷に犬の糞」といわれる程でしたから，いかにも江戸らしい風景ともいるでしょう。犬は身体の一部が意図的に隠されています。これも❷の橋や大名行列と同じで絵画に動きを感じさせるための技法です。

❽日本橋の魚河岸の仲買から魚を仕入れた行商人が，盤台（魚を入れる浅くて大きな楕円形のたらい）を天秤棒の前後に吊って，これから売りに出かけるところです。他に野菜を担いでいる人もいます。日本橋の魚河岸は橋の向こう側の北詰にあり，川沿いには塩，米，材木などの河岸も並んでいました。日本橋の魚河岸は，1923年（大正12）の関東大震災で壊滅し，すぐに築地の海軍省所有地に臨時の魚市場が開設されました。これが築地の魚市場の始まりで，1935年（昭和10）に現在地の築地に東京中央卸売市場が開設されました。

浮世絵についてさらに説明しましょう

　「錦絵」と呼ばれた浮世絵は多色摺木版画ですから，平面的になりがちです。しかし広重は，木戸の扉や倉庫の屋根の直線を延長すると中央に収束するように画面を構成し，また橋の曲線を強調して，遠近感や立体感をあらわしています。

　この絵図は歌川広重による保永堂版の『東海道五拾三次』に収められていて，何種類もある広重の東海道シリーズの中でも最も人気を博しました。広重が活躍した頃は，浮世絵1枚の値段は30～40文程でしたから，現在の感覚では1000円で十分に釣銭がある程度でした。現代の値段は，摺りの時期や保存状態にもよりますが，よいものは百万円単位にもなります。現代の復刻でも1万円以上しますが，手間を考えれば妥当なところでしょうか。

Question 25

江戸時代 18世紀

越後屋はどうして繁盛したの？

~越後屋~（『浮世駿河町呉服屋図』より）

1673年（延宝元），江戸日本橋近くの本町通に，間口がわずか9尺（2.7m）という小さな呉服店が開店しました。これが三井高利の越後屋です。その時，その店が将来に巨大企業「三井」にまで成長すると誰が思ったでしょうか。

❶柱には「現金（げんきん）かけね（掛値）なし」と書かれた木札がかけられています。それは客の身分や足許を見ることなく，誰に対しても公平に店先で現金正札販売をすることの宣言です。1683年（天和3）に江戸市中に配られた木版刷りの引札（広告ちらし）には，「壱銭にても空値（相場より高い値段）申し上げず候間，御直ぎ利（おねぎり）遊され候而（て）も負ハ御座無く候。勿論代物（代金）は即座ニ御払い下げさるべく候。」と記されています。相場より1文でも高くは売りませんが，値切られても鐚一文値引きはしません，というわけです。また地方の商人にも卸売りをする。反物単位で売買するのが当たり前の時に，必要なだけ端布でも切り売りをする。注文があればその場ですぐに仕立てる「即座仕立」。イージーオーダーのようなものでしょうか。いずれも今なら当たり前の商法ですが，当時としては常識破りの新商法でした。

俄雨が降ると，越後屋の屋号の入った番傘を貸し出す「おもてなし」もしています。これはただで宣伝してくれるようなものですから，大評判になりました。『俳風柳多留』には，「越後屋の前まで傘へ入れてやり」「にはか雨ふるまい傘を三井だし」という川柳が投稿されています。傘の貸し出しがいつから始まったかは確認できませんが，このように顧客を大切にしましたから，商売の繁盛は必然的な結果でした。しかしかえって老舗の嫉妬や圧迫が激しく，1683年（天和3）に駿河町（現在の三越本店の位置）に移転せざるを得なくなりました。前述の引札は，その時のものかもしれません。しかしそれを転機として両替商を営んで幕府の御用商人となり，その繁盛ぶりが井原西鶴の『日本永代蔵』に記されていることはよく知られています。

この駿河町の三井越後屋の呉服部門が，のちに同じ位置に三越百貨店として，両替部門が三井銀行から三井財閥へ発展することになります。

三井高利は伊勢は松坂の出身で，江戸で創業していた長兄の店で丁稚奉公をしていました。しかし若い頃から商才に長けていたため，それを妬んだ兄から郷里の母の世話をするようにといわれ，体よく江戸から追われてしまいました。そして松坂で金融業を営んでいたのですが，その兄が没したことから，江戸本町１丁目（現在の日本銀行新館付近）に小さな呉服店を開業したのでした。時に高利は52歳。現代の感覚では，定年退職後のことです。屋号の「越後屋」は，祖父が「越後守」と称した武士で，父が創業した酒店が「越後殿酒屋」と呼ばれたことによるとされています。

　そもそも呉服を買うような階級は，身分のある武士か裕福な商人に限られています。ですから老舗の呉服屋では見本をもって得意先を回り注文をとる「見世物商い」や，得意先で直接販売する「屋敷売り」という方法で商売をしていました。また常連客との駆け引きで値段が決まり，支払いは盆暮の年に２回にまとめて決済するのが一般的でした。しかし三井越後屋では，そのような常識や慣行を覆すような発想の新商法を採用したのです。

　浮世絵からその新商法を読み取ってみましょう。

❷ 店内の広さは100畳以上はあるでしょう。あちらこちらで店員と客とが商品を前に商談をしたり，算盤をはじいたりしています。

❸ それぞれの商品の売場には，梁からそれらを専門に担当する店員の名前を書いた紙札がさげられています。大きく書かれているのが手代，小さい方が丁稚の名前で，先輩と後輩が組になって各売場を受けもっているわけです。名前が出されれば責任感も湧くでしょうし，品質を見極める専門知識も付くことでしょう。右の紙札には「若三郎・長吉」，中の紙札には「惣兵衛・冨之介」，左には「喜八・三之介」と書かれています。

❹ 「小判六十目□時相場」と書かれた紙札が見えますが，これは小判１両と銀60匁の交換比率を示しています。

❺ 奥の方には「裁場」と書かれた紙札があり，ここで反物を切ったり仕立てたりしました。その右には「金場」の表示があり，勘定場のあることを示しています。

❻ 画面の右端には，帳場格子に囲まれた勘定場があり，番頭が座っています。

❼ 勘定場のやや手前左には茶釜が据えられ，茶碗が並べられています。客に湯茶の「おもてなし」まで行われるのでしょう。先日，開店時間より少し早目に日本橋三越に行ったところ，お茶のサービスがありました。

❽ 天井からは商品見本が吊り下げられています。

❾ 店の突き当たりには２階に上る階段，右の奥には蔵があり，何やら商品を運び出しています。

❿ 店内の壁際には，商品をしまう箪笥の引き出しがずらりと並び，その上にも反物が積み上げられています。

⓫ 店内のあちらこちらに行灯が置かれていますが，これは夜になっても開店していたことを示しているのでしょう。

⓬ 店の外には越後屋の商標を染め抜いた大きな暖簾が懸かり，昼間でも店内は薄暗かったことでしょう。その暖簾には「現金かけねなし」のキャッチコピーが染め抜かれています。店内からは見えませんが，屋根の庇が裳階（もこし）のように道路側に張りだしていて，雨が降っても濡れずにその下を歩けるようになっていました。

⓭ 店内の吹き抜けに観葉植物として竹を植えたり石灯籠を置くなど，洒落た演出がされています。

『浮世駿河町呉服屋図』についてさらに説明しましょう

　『浮世駿河町呉服屋図』と題するこの錦絵は，1768年（明和５）頃に歌川豊春が描いたもので，創業当時のものではありませんが，川柳に「駿河丁（町）畳の上の人通り」と詠まれたように，足の踏み場もない程ごった返す繁盛ぶりをよくあらわしています。遠近透視図法を採り入れて奥行きを深く見せる技法は，Question 26の歌舞伎舞台の図にもとり入れられているように，浮世絵にはしばしば見られるものです。しかし天井が吹き抜けのように高く見えるのは，いささか誇張しすぎでしょう。

Question 26 江戸時代18世紀

江戸時代の芝居小屋はどうなっていたの？
～歌舞伎の舞台～ （『中村座 仮名手本忠臣蔵十段目図』より）

江戸時代には歌舞伎や浄瑠璃などの舞台劇が，民衆の主要な娯楽の一つでした。全国の主要都市に芝居小屋が建てられ，時には幕府が規制の対象にする程の活況を呈していました。ここでは歌舞伎の舞台を見てみましょう。

❶18世紀になると，歌舞伎舞台の大きな特徴である花道が設けられるようになりました。現在とは少し異なり，客席を横切り本舞台に対して斜めに取り付けられていましたが，画面でもそれが確認できます。この花道は観客と役者の一体感を盛り上げる歌舞伎独特の舞台装置で，のちに外国の演劇にも大きな影響を与えることになります。この画面にはまだ見当たりませんが，後には廻り舞台，迫り上げ，花道の途中の迫り上げであるスッポンなど，劇場の構造や演出の工夫は，花道と共に世界演劇史上画期的なものでした。西洋の演劇が額縁的な舞台で平面的な演出に終始している時に，日本では観客と一体になった立体的な演出が行われたのです。

歌舞伎の舞台は，現在では一定の型式ができ上がっていますが，江戸時代には時期によって変遷しています。17世紀には，先行していた演劇である能の影響が強く残り，舞台もまだ能舞台に倣った構造になっていました。本舞台が客席の中に張りだし，舞台に向かって左側の下手には能舞台特有の橋掛がありました。観客席は舞台の両袖の一段高い桟敷席か，本舞台の前の土間で，敷物を敷きながら思い思いの場所で観覧しました。土間の部分にはまだ屋根はありませんでしたから，雨が降ると上演は中止となりました。そもそも「芝居」という言葉は，草の生えた芝生の席から見たことによる呼称です。

この浮世絵は，鳥居清経の「中村座 仮名手本忠臣蔵十段目図」で，1765年（明和2）の様子を伝えています。西洋画の遠近透視図法の影響を受けた構図で，奥行きが深く見えるため，このような構図の絵は「くぼみ絵」と呼ばれました。

❷舞台では『仮名手本忠臣蔵の第十段目』の「天川屋」のクライマックスの場面が演じられています。このような場面では，観客は贔屓の役者の屋号や誉め言葉を叫んだりしました。演出装置が立体的なだけでなく，役者と観客との声の掛け合いまで立体的だったのです。

❸舞台は今日のものよりかなり間口が狭く，幕末に中村座の舞台の間口が12mであったとされています。しかしそれは役者との距離が近いことでもあり，現在以上に一体感を抱くことができたことでしょう。

❹舞台の上手に黒御簾の懸かっているところは，効果音や太鼓・鼓などの楽器が演奏される下座です。ただ江戸時代末期には下座は下手側に移され，現在にいたっています。下手にあるから「下座」という説明は，歴史的には正しくはありません。「外座」とも書きますが，これが本来の意味ではないでしょうか。

❺舞台上に懸かっている破風の柿葺屋根は能舞台の名残であり，寛政期には取り除かれるようになります。2013年（平成25）にオープンした新歌舞伎座の舞台では，妨げにならない程度に唐破風の屋根が復活しています。

❻舞台の破風屋根を支える2本の柱には，演目が懸けられていますが，この柱は屋根がなくなった後も，「大臣柱」と称されて現在も舞台にその名残が見られます。この2本の大臣柱の間が本舞台ということになります。

❼舞台に向かって左の下手には，能舞台の橋掛かりの名残が見えます。

❽舞台の下手には幕が引かれていますが，引き幕を使うことができたのは，幕府の免許を受けた芝居小屋の特権でした。舞台の幕は演目によって変わりましたが，最初の幕開けと最後の幕引きには「定式幕」と呼ばれる独特の配色の幕が用いられました。現在では幕は下手から上手に引いて開けるのが普通ですが，江戸時代には上手から下手に引いて開けました。この絵図でもそれが確認できます。

❾画面の手前を左右に横切る仕切りは「あゆみ」と呼ばれ，この上を歩いて食べものを売りに来ることもありました。何しろ歌舞伎の上演は現在とは異なり，朝から日没まで1日がかりの長丁場でしたから，お腹がすくのも当然です。よく幕間に弁当を食べ，「幕の内弁当」と呼ばれたと説かれますが，江戸時代に現在のようないわゆる幕の内弁当があったかどうかははっきりしません。ただ歌舞伎見物は単なる観劇ではなく，見て食べて飲んで楽しむ遊興的な要素が強かったことは確かです。画面では多くの客が煙管で喫煙したりしゃべったりしていて，くつろいだ様子で観覧しています。

❿享保年間以後は劇場全体が屋根で覆われるようになり，土間だった観客席にも床が張られ，四角く区切られた枡席が設けられるようになりました。ただ床が張られても，古くからの名残で，「平土間」と呼ばれていました。

⓫劇場の左右の壁際には上等席である桟敷席があります。1階は，平土間の一般席の観客が入り込まないように横木を渡した席で，比較的上等な桟敷席。その形状が鶉籠に似ているため，俗に「うづら」とも呼ばれました。

⓬2階には，1階のものよりさらに特等の桟敷席があり，裕福な客が文字通り高みの見物をしています。桟敷席の客は，芝居小屋の近くの茶屋から食事を取り寄せなければならないので，芝居見物には1両以上（現在の貨幣価値で10万円以上）の費用がかかったはずです。

⓭2階桟敷のさらに上には明り窓があり，必要に応じて障子を取り外して舞台を明るくしました。

Question 27

江戸時代 18世紀

江戸時代の採掘現場はどうなっていたの？

～佐渡金山～（『佐渡金山金掘之図』より）

現代においても鉱山の開発には採掘がつきまといますが，機械のない時代の採掘は文字通り命がけの仕事でした。にもかかわらず，金鉱山や銀鉱山の採掘は世界中で行われ続けました。それほど魅力的な産業だったのです。

❶絵図では坑内が明るく見えますが，実際にはかなり暗かったはず。坑内のあちらこちらに，鉄製の皿に植物油や魚油を用いた照明具が明りを点しています。坑内は灯明による煤や鉱石の粉塵などで空気が汚染され，この絵図には見えませんが，唐箕を扇風機のように使って，新鮮な空気を送り込んでいました。

❷「水火縄」を入れる桶があります。水火縄は火縄の表面を漆でコーティングしたもので，多少濡れても火が消えないように工夫されていました。

❸楯合の上下では，石穿大工が鑿と槌を使って鉱石を穿り，一段高いところには服を着た大工頭が監督をしています。大工頭の前では，穿り採った鉱石を笊に集め，さらに藁筵を二つ折りにした叺に詰めています。それを荷挙穿子が担ぎ，「雁木」と呼ばれる丸木梯子を登っていきます。重さは約19kgが標準でした。よい鉱脈を求めてどんどん下に掘り進みますから，担ぎ上げる高低差や距離も相当あったことでしょう。

❹交代の大工が横になって休息しています。

佐渡が金の産地として知られたのは意外に古く，平安時代末期に成立した『今昔物語集』の巻26に，「能登の国の鉄を掘る者，佐渡の国に行きて金を掘る語」という説話が載せられています。おそらく当時は砂金の産地として認識されていたものと思われます。金鉱山が発見されたのは1601年（慶長6），徳川家康の所領となった年で，以来，江戸幕府の重要な財源となりました。江戸時代初期の慶長から寛永年間にかけてが最盛期で，金が1年間に400kg，銀が40t以上採掘されたそうです。

　幕末の1840年に佐渡奉行となった川路聖謨は，佐渡での日記『島根のすさみ』に「山大工に成りて7年の寿（命）を保つものなし…いずれも同病にて，咳をせき，煤のごときものを吐きて終に死ぬるなり」と記しています。病気としては珪肺が考えられます。また「当国には二十五歳に相成る男は賀の祝ひあり」と記しています。金穿大工で30歳をこえて生存する人は稀であるため，25歳になれば60歳の還暦くらいになったということで「長寿」を祝ったというのです。

❺坑内では坑道を維持したり落石を防いだりするため，坑木によって壁や天井を補強しなければなりません。こうしておけば，岩盤が迫り出して変形すると，坑木が折れたりはずれたりするので，落盤事故を未然に予知できたのです。その作業は「山留」と呼ばれ，専門の山留大工の仕事でした。これは危険と隣り合わせの難しい仕事で，賃金は最も高かったそうです。この絵図には山留大工は見当たりませんが，下部に山留された様子が描かれています。

❻水替人足が排水作業をしています。初期には桶を用いていましたが，17世紀半ばには中国を経て，この絵図に見られるような「水上輪」と呼ばれる，いわゆるアルキメデスポンプ（回転させることで水を汲み上げるらせん構造のポンプ）が導入されました。坑道が地下深くなればなる程湧水が多くなり，水上輪と水槽をいくつも重ねて，水平の坑道まで汲み上げます。しかし水上輪は構造が複雑で破損しやすく，1778年（安永7）からは無宿人が水替人足として導入されるようになりました。川路によれば，彼らは江戸から連行された者が圧倒的に多く，川路は彼らを「凶悪のもの共ばかりに候得ども，ここにては鼠のごとし」と記し，その集団強制隔離小屋は，「江戸水替小屋」と呼ばれたと記しています。水の汲み上げは鉱石の採掘より厳しい仕事で，3年も働ければよいとされていました。

『佐渡金山金掘之図』についてさらに説明しましょう

　佐渡金山の絵巻は，佐渡奉行が任期を終えて交替する際や，新しい技術・器械が導入される際などに描かれることが多く，後世の絵師の模写も含めて100点以上も伝えられています。この『佐渡金山金掘之図』（幅37cm×長さ880cm）は成立年代や画家の名前は不明ですが，坑内の様子が丁寧に活写されています。

　現在，佐渡の相川金山では，1989年（平成元）まで三菱マテリアルが採掘していましたが，採算がとれないため採掘は中止されました。佐渡金山の金鉱脈は，東西3000m，南北600m，深さ800mに広がり，そこに掘られた坑道は，近現代の坑道も含めると，金山発見以来の380年間に総延長400kmで，東京の新宿から大阪間の直線距離に相当します。そしてこの間に産出した金は記録の上では78t，銀は2330tに達しています。

Question 28 江戸時代 18世紀

『解体新書』は辞書なしでどのようにして翻訳されたの？
～解剖図～（『解体新書』より）

『解体新書』の扉絵はよく知られていますが，前野良沢や杉田玄白たちが人体解剖と解剖書を見比べた時の驚きや，翻訳の苦労は伝わってきません。原典と同じ図やオランダ語の解説を見て，始めて追体験できるというものです。

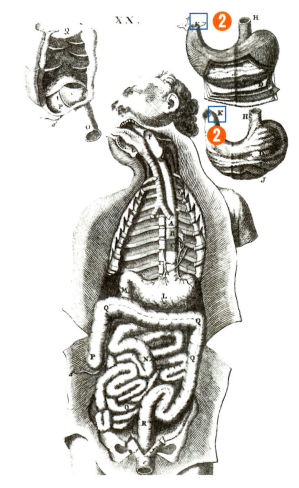

```
186        NEGENTIENDE
      net : dit is een dubbeld en met veel vet
      bewaſſchen vlies, verbeeldende niet
      kwalyk een beurs of zak; des zelfs
      onderſte deel legt boven op de dar-
      men vry of los, en ſtrekt zig ge-
      meenlyk uit tot het Navel-geweſt;
      boven egter is des zelfs voorſte gedeelte
      aan de Maag, twaalf-vingerigen-darm
      en de milt ; het agterſte aan den
      kronkel-darm, en het klier-bedde
      vaſt gewaſſchen.  Het verwarmt de
      ingewanden, bevordert de bewee-
      ging der darmen, geeft de Gal haare
      vettigheid, en voed in tyd van nood
      het Lighaam.
   G. De Darmen, vervullende het groot-
      ſte gedeelte des Buiks, (Taf. XX.)
   H. Het Darm-ſcheel, in het midden
      des buiks, waar aan de darmen vaſt
      zyn. (Taf. XXI.)
   I. De Maag, leggende onder het mid-
      denrif aan de linker zyde. (Taf. XX.)
   K. De Lever, met de Gal-blaas, naar
      de regter zyde. (Taf. XXIV.)
   L. De Milt, die aan de linker zyde agter
      de Maag te vinden is. (Taf. XXIII.)
   M. Het Klier-bedde of Alvleeſch, onder
      de Maag, (Taf. XXII.)
   N. De Nieren aan beide
      zyden onder de Lever  
      en de Milt.          }(Taf.XXV.)
   O. De Water-blaas aan  
      het benedenſte deel des
      Buiks, in het bekken.
                                P. De
```

　翻訳の手がかりとしたのは，解剖図と説明文の各所に付けられたアルファベットの符号でした。例えば原図の肝臓には「K」の符号がありますが，（❷）原文にも同じ符号があり，それに続いて2行の説明文があります。その先頭には「De Lever」という単語があります。しかし他の符号の次にも「De」という単語がありますから，「Lever」はどうも肝臓であり，「De」は単語の前に付けられる何か特別の機能をもつ助語らしいと推定するのです。（❶）現代人なら，「Lever」（レバー）が肝臓であることは察しがつくでしょう。そしてA以下の符号は『解体新書』では，Aはイに，Bはロに，Cはハにというように，イロハ順に付け直されています。ただし原図ではなぜかわかりませんが「J」が抜けているので，符号「K」に対応する片仮名の符号は一つずれて「ヌ」になっています。（❷）原文では「De」に続いて少し説明文がありますが，『解体新書』にはそれは省略され，「Taf. XXIV.」が「第二十四篇」と訳されています。（❸）良沢はさすがに数詞くらいは知っていたでしょうから，「Taf.」が「篇」を

あらわすことくらいは察しがついたと思われます。

　このようにして彼らは一つひとつ確かめるようにして語彙を増やしました。それでも形のある名詞はまだしも，冠詞や前置詞や助動詞の類，また抽象的な概念をあらわす言葉には苦労したようです。また適当な訳語がないこともあり，今日でも使われている頭蓋骨・神経・軟骨などは，彼らの苦心の末の造語です。また「すじ」という意味の「筋」に「筋肉」という意味をもたせたり，本来は脈拍のわかる場所を指す「動脈」を，現在の「動脈」の意味に転用するなど，新しい概念を付与したことは，広い意味で彼らの造語ということができるでしょう。また日本の医学にはそれに相当する言葉も知識もないために訳しようがない言葉については，オランダ語の音にそのまま漢字を当てはめています。例えば，原図の符号Mの「Klier」は今日でいう「腺」という意味なのですが，意味不明のため，そのまま「機里爾（キリイル）」と訳しています。（❹）わからないことはわからないままにしておくあたりに，科学者としての謙虚な姿勢も感じられます。

『ターヘル・アナトミア』はドイツ人ヨハン・アダム・クルムスがあらわした解剖書『Anatomische Tabellen』のオランダ語訳本の俗称です。豊前中津藩医前野良沢は長崎遊学時に，若狭小浜藩医杉田玄白は江戸参府の出島商館長から『ターヘル・アナトミア』を入手したのですが，杉田玄白は個人では代金を用意できず，小浜藩の家老に頼み込んで購入しています。良沢は個人で購入していますが，おそらく小判が何枚も必要だったことでしょう。

良沢は藩主の許しを得て，100日間長崎に遊学し，オランダ通詞についてオランダ語を学んだことがありましたが，手許にあるのは簡単な単語帳程度のものだったでしょう。その程度の語学力では，中学1年生が英語の医学書を辞書なしで翻訳せよといわれているのと同じで，ほとんど役に立たなかったはずです。

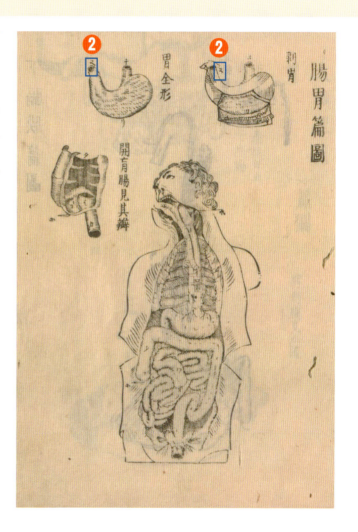

『解体新書』についてさらに説明しましょう

『解体新書』の解剖図を原画に忠実に写し取ったのは，秋田角館藩士の小田野直武です。彼は秋田銀山の精錬の技術指導のために秋田に招聘された平賀源内と出会い，その弟子のような立場で江戸に行きました。その頃『解体新書』の訳述をほぼ終えていた玄白は友人の源内を訪ね，解剖図の模写について相談をもち掛けたようです。そこで紹介されたのが小田野直武だったわけです。原図は精密な銅版画ですが，『解体新書』の図は木版画です。原図には見劣りするものの，木版画として見るならば，その精巧さと立体感に驚かされます。

Question 29 佐倉惣五郎は実在した人物なの？

江戸時代 17世紀

～佐倉惣五郎事件～（『日本義民之鏡』より）

江戸時代の一揆の首謀者の中には，「義民」と称される人々がいます。民衆のために命がけで権力に立ち向かった人物が語り継がれたもので，しだいに神格化されていきました。

❶ 左下は印旛沼の渡しの場面で，渡守の甚兵衛が舟を繋いだ鎖を，鉈で断ち切ろうとしています。印旛沼を渡れば，佐倉惣五郎の家はもうすぐそこでした。甚兵衛はその後印旛沼に投身自殺したことになっています。現在では「甚兵衛渡し」と呼ばれるあたりは埋め立てられ，当時の沼の面影はありません。

❷ 右下の場面は，惣五郎が家族と最後の別れをする場面です。長男の他はみな女児であったという話もあるのですが，ここではみな男児になっています。

❸ 左上の場面は，惣五郎が将軍徳川家綱に直訴する場面です。寛永寺の門前には不忍池から流れ出る忍川に「三枚橋」が架かっていて，その中央の橋は将軍専用でした。惣五郎はそこで待ち構えていたわけです。

❹ 右上の場面は惣五郎を本尊として祀る成田市の東勝寺本堂（大正10年再建），通称「宗吾堂」で，今も絵図そのままに堂々たるたたずまいを伝えています。

江戸時代に起きた百姓一揆は，一揆の定義や数え方にもよるでしょうが，専門の研究者によれば3000件以上であるといいます。その中でも早い時期からよく知られているのは，1653年（承応2）に起きた佐倉惣五郎事件でしょう。下総国公津村（現在の成田市）の名主である木内惣五郎（宗吾・惣吾）が，佐倉藩主堀田正信の苛政を将軍徳川家綱に直訴し，本人ばかりでなく家族も極刑に処せられたとされる事件です。

　農民の間には伝承として語り継がれ，尾鰭が付け加えられながらも義民物語として形を整えていきました。1851年（嘉永4）には，江戸の中村座で『東山桜荘子』と題して歌舞伎が上演されました。しかしさすがに遠慮して，場所は東山，時期を室町時代に仮託し，主人公は「浅倉当吾」という名前でした。またちょうど200回忌の年にあたる翌年には，大坂で『花曇佐倉曙』と題して上演され，大評判となりました。そして明治期以後は『佐倉義民伝』と堂々と実名で上演されるようになり，現在もなお歌舞伎で上演されています。

　『日本義民之鏡』と題するこの絵図は，大正年間に発行された粗末な木版画です。

佐倉惣五郎事件についてさらに説明しましょう

　事件の起きた当時，公津村に「惣五郎」という広い耕地をもつ富農がいたことが，古文書によって確認されています。ただし名主かどうかは確認できません。のちに佐倉藩主となった稲葉正往の命により，1715年（正徳5）に編纂された『総葉概録』には，公津村の「総五」という人物が領主を恨みつつ処刑されたこと，またのちに藩主堀田氏が改易されたことが「総五」の祟りとされ，「惣五宮」という祠が建てられたことが記されています。また1746年（延享3）に，山形から入封した堀田正亮（正信の弟正俊の孫）は，惣五郎の100回忌に慰霊のために社殿を建立しています。その後も堀田氏が150回忌，200回忌の法会も営んだり，石塔を寄進したり，惣五郎の子孫に5石の田を与えたりしていますから，堀田氏が代々，惣五郎の怨霊を恐れていたことは事実なのです。

　細かい部分については異同がありますが，『佐倉義民伝』の粗筋は以下の如くです。1652年（承応元），藩主堀田正信の佐倉領389カ村を代表して，数人の名主たちが江戸の藩邸に減税嘆願書を出しましたが拒絶されてしまいました。そこで老中久世広之に駕籠訴をしたのですが，受理はされたものの，重ねての訴えは無用と申し渡されます。そこで，惣五郎は単独で将軍に直訴することにしました。しかしそうすれば極刑は必定。そこで決行前に家族に後難の及ばぬよう妻を離縁し，また最後の別れのために，彼は密かに帰宅しようとします。しかし江戸から戻る惣五郎を捕らえるべく，要所の監視が厳しくなっていて，我が家の近くまで来ながら，帰るに帰れません。そこで彼は密かに印旛沼の渡しで，渡守の甚兵衛に舟を出してくれるように頼みます。沼を渡れば，監視の網をくぐり，見つからずに帰宅できるからです。暮れ六つ以後の渡船は禁止され，舟も鎖で係留されていたのですが，甚兵衛は惣五郎の覚悟を察し，義侠心から御禁制を破って惣五郎を対岸に渡すのでした。こうして密かに帰宅した彼は妻に離縁状を渡し，追いすがる子供を振り払うように今生の別れを告げました。そして直訴状を隠し持って寛永寺の入り口の前の三枚橋に身を潜めます。寛永寺に参拝する将軍家綱と後見役の保科正之が橋に差し掛かると，惣五郎は訴状を差し出したのでした。訴状は首尾よく保科正之に渡されたのですが，惣五郎は捕らえられ，その処置は藩主堀田正信に一任されます。結局翌年，惣五郎と妻は磔にされ，4人の子供は打ち首にされたのでした。なお一家の処刑後，他藩に嫁いでいた妹が，夫と死別後に公津村に戻って再婚し，木内家を再興したと伝えられ，その子孫が今も健在であるとのことですが，史料的には確認のしようがありません。

　そしていよいよ惣五郎の祟りが始まります。惣五郎を処刑した藩主堀田正信は，その後不祥事を起こしました。1660年（万治3）のこと，正信が突然幕閣を批判する上申書を提出し，しかも無断で佐倉に帰ってしまったのです。その上申書には，旗本救済のために佐倉藩11万石を差し出し，将軍家綱に不慮の死があった場合は，ただちに殉死するとまでいうのですから，正気の沙汰とは思われませんでした。そのため改易となり，転々として最後は阿波徳島藩に預けられるのですが，1680年（延宝8）将軍徳川家綱死去の報を聞き，配流先の徳島で鋏で喉を突いて自殺したのです。鋏を使ったのは，刀の類をみな取り上げられていて，座敷牢のような居室には鋏しかなかったからです。この異常な死を，惣五郎の事情を知る人はみなその祟りと信じました。これは惣五郎が処刑されてから，8年後のことでした。福沢諭吉は『学問のすゝめ』七編の末尾で佐倉惣五郎について，「人民の権義を主張し正理を唱て政府に迫り，その命を棄て，終をよくし，世界中に対して恥ることなかるべき者は，古来唯一名の佐倉宗五郎あるのみ。」と記しています。

Question 30 江戸時代にも反対集会が行われていたの？
～天保義民事件～ (『夢の浮き橋』より)

江戸時代 19世紀

江戸時代の領民決起というと，一揆や打ちこわしなどの暴力的なイメージがありますが，政策に反対する集会なども行われていました。ここで紹介するのは，天保の改革のいわゆる「三方領地替え」に反対する領民の集会です。

❶ 大篝火の周囲には，村がいくつかに分けられた組ごとに領民が集合しています。

❷ 「押切組」「長沼組」「横山組」「荒川組」と書かれた組の旗が見えます。

❸ 旗竿の先に鍬の刃先や桟俵を付けたものも見受けられます。

❹ 行動規律を書いた高札が立てられ，自己規制が行き届いていました。

❺ 大篝火のすぐ右には先端に逆瓢箪を付けた竿が立っていますが，これが一揆の「目印の旗」とされました。この旗印が動くことは，「惣つぼみ」と称して一揆勢は中央に寄る合図です。

❻ 「北辰」と大書された旗が立っていますが，この旗が動くことは，「人数繰り出し」と称して一揆勢が外に広がるという合図。

❼ 大篝火のすぐ脇には大太鼓が据えられていますが，太鼓が鳴ることは「ヤーヤー」と鬨の声を上げる合図。法螺貝は最初の場所にまとまる合図でした。

❽ 中央広場では，村々の代表が集まって「大評議」(全体会議)が行われました。

1840年（天保11），大御所徳川家斉の意を受けた老中水野忠邦は，武蔵国川越藩主松平斉典を出羽国庄内へ，庄内藩主酒井忠器を越後国長岡へ，長岡藩主牧野忠雅を川越へ転封させようとしました。しかし庄内藩の領民の組織だった反対運動により，転封が中止となったことでよく知られています。

　この絵図は『夢の浮き橋』と題された，全長50mに及ぶ絵巻物の一場面です。『夢の浮き橋』は，転封の撤回直後に一揆のリーダーの一人であった加茂屋文治が資料を収集し，挿絵を加えてまとめた一揆物語で，現在は鶴岡市の至道博物館に保管されています。この絵図は，1841年（天保12）4月25日に開かれた，「大寄」と呼ばれる村々の合同大集会の場面です。

天保義民事件についてさらに説明しましょう

　この事件のきっかけは，徳川家斉の子で川越藩主となった松平斉典が，米所の庄内平野や，北前船の寄港地として繁栄する酒田港のある庄内藩領への転封を狙って，幕府に働きかけたことでした。庄内藩の表高は14万石でしたが，実際には21万石もありましたから，表高7万4千石の長岡藩では減封になってしまいます。しかし藩主酒井家は「徳川四天王」の一人である酒井忠次を祖としていますから，幕命には逆らえません。ところがこれを聞きつけた庄内藩の領民が，自主的に猛烈な反対運動を始めたのです。

　御多分に漏れず庄内藩も慢性的な財政難に喘いでいたのですが，第7代藩主酒井忠徳は1767年（明和4）に酒田の豪商本間光丘を登用し，財政改革を推進しました。本間家は24万石を領し，庄内藩では「本間様には及びもないが，せめてなりたや殿様に」と俗謡に歌われる程の，桁外れの豪商でした。天明の大飢饉で藩財政は再び行き詰まるのですが，庄内藩では藩主と領民の関係は，概ね良好な関係が続いていたのです。そこに天から降って湧いたように転封計画がもち上がったのでした。

　領民が反対したのは藩主に対する信頼ということもあったでしょうが，現実的にはそれだけではありません。本間家にも領民にも，莫大な移転費用が課せられ，藩が農民に貸し付けていた米が急に徴収されたり，移転のための人足として徴発されることになります。新しい藩主が検地をし直せば，事実上黙認されていた「縄延び地」のあることが明らかとなり，年貢の増徴を招くことになります。また藩に資金を貸し付けていた大商人は，債権の踏倒しを恐れました。転封で得をする者は，庄内藩には一人もいなかったのです。

　領民たちは早速行動を起こしました。村ごとに代表者を選び，旅費を出し合って江戸に派遣し，大老井伊直亮，老中水野忠邦を初めとする幕閣には駕籠訴をし，周辺の諸大名には幕府に取りなしてもらうように働きかけます。また幾万人もの領民が集まって愁訴をするなどの集団行動もあったのですが，それが実に組織だって見事なものでした。百姓一揆というと「蓆幟に竹槍」というイメージが強いのですが，彼らが掲げた幟旗には，「雖為百姓不仕二君」（百姓たりといえども二君に仕えず），「何卒居成大明神」，「庄ーいいなり大明神」，「民是國本本固國安」（民はこれ国の本，本固くして国安し），「酒居大明神」「不動大名王」，「居座成身尊」「豊国酒井尊」「要石」「何ても御居り」などと書かれていました。中には熟れた西瓜を描き「請合」と書かれた幟もありました。庄内地方では西瓜が熟れることを「すわる」といい，藩主に居座って欲しいということをあらわしているのです。どこかユーモラスでありながら，何としても「殿様に居座っていただきたい」という心が読み取れます。

　この問題には時が庄内藩に味方しました。翌1841年（天保12）1月には家斉が，続いて5月には斉典の養子斉省が病死し，川越藩の幕閣に対する裏工作が明らかになり，諸大名からも批判の声が上がり，7月には将軍徳川家慶が三方領知替えの中止と川越藩への2万石の加増を命じたのでした。しかも一揆勢には何の「御咎め」もなかったのです。喜んだ領民たちは，通りがかりの旅人にも草履や餅や酒茶の無料接待までしています。

　庄内藩主と領民の独特の関係はその後も続きます。明治維新，会津藩と共に「賊軍」となった庄内藩は，転封や償金献上を命じられたのですが，本間家を中心に藩士・商人・地主などが明治政府に30万両を献金し，1870年（明治3）に藩主酒井氏は庄内藩へ復帰することができました。そしてその後の歴代旧藩主酒井家の当主は，鶴岡の人々から「殿はん」と呼ばれて慕われてきました。2003年（平成15）歌会始には，召人に選ばれた第17代当主の酒井忠明の「今もなほ殿と呼ばるることありてこの城下町にわれ老いにけり」という歌が披講され，歌碑が鶴ヶ岡城跡（鶴岡公園）に建立されています。そして「何卒居成大明神」が縁で，小豆の粉を狐の顔の形に固めた「きつね面」という菓子が，今も郷土の銘菓となっています。

Question 31 江戸時代にも近代的工場があったの？
~佐賀藩大砲製造所~ （多布施反射炉の復元図より）

江戸時代 19世紀

佐賀藩など一部の雄藩では，幕末にはすでに欧米の工業製品の模倣品をつくり始めていました。とはいえ，蒸気機関のない産業革命以前のことですから，多くの難題や試行錯誤があったことは想像に難くありません。

❶ 反射炉は燃焼室の火床で燃料となる石炭や木炭を燃やし，その炎熱を勢いよく炉壁の天井に反射させ，熔解室の炉床に置かれた銑鉄を熔かす仕掛けになっています。「反射」の呼称もそれによっているのですが，そのためには高い煙突が必要でした。その高さのために排気上昇の勢いが強くなり，その結果として空気が熔解室に勢いよく自然に吸引され，鞴などの人力による送風の必要がなくなるからです。反射炉の燃料としては原料の砂鉄と同じ重さの炭が必要とされましたが，松浦産の石炭を使用すると，高温が得られるようになりました。そして炉内は1500度にも達するため，それに耐えられる耐熱煉瓦が大量に必要となりました。耐火度が低いと，熔けた煉瓦が不純物として鉄に混入してしまうからです。しかし幸いなことに，佐賀藩には高温で焼成する磁器の有田焼・鍋島焼の伝統的技術があり，これが大いに役立ちました。これは他藩が容易には真似できないことだったでしょう。

海防強化の必要を実感した佐賀藩主の鍋島直正は，大砲の製造をしようとしましたが，当然ながら幕府の許可が必要でした。幕府は祖法であるとして渋っていましたが，フェートン号事件の経験から，長崎警備を担当する佐賀藩には認めざるを得ませんでした。彼はまずオランダのヒュギューニン著『ロイク王立製鉄大砲鋳造所における鋳造法』という技術書の翻訳を命じました。そして1850年（嘉永3）には大砲製造を行う「大銃製造方（おおづつせいぞうがた）」を設け，のちに伊豆の韮山に反射炉を築造する江川英竜（えがわひでたつ）の協力を得て，城下の築地（ついじ）に反射炉を完成させました。これが日本最初の実用的反射炉で，伊豆韮山の反射炉よりも4年も早いものでした。

　そして何回かの失敗を経て，翌年に曲がりなりにも最初の鉄製大砲を完成させました。しかし試射をすると砲身が破裂する事故が相次ぎ，使用に耐える大砲が完成したのは，ペリーが来航する前年の1852年（嘉永5）のことでした。

　この図は新たに城下の多布施（たふせ）につくられた反射炉を，1928年（昭和3），記録をもとに考証復原して描かれたものです。

❷もくもくと煙が上っているところを見れば，この場合の燃料は木炭ではなく石炭でしょうか。

❸大砲は砲身を鋳造した後，砲腔（ほうこう）（砲身の内面）を滑らかに仕上げなければなりません。当時ヨーロッパでは，蒸気動力旋盤によって砲腔を仕上げていましたが，日本にはまだ蒸気機関がありません。そのために使われたのが画面の右端に見える水車です。水車小屋の中には錐鑽台（すいさんだい）が設けられ，水車動力による錐を用いて，根気強く研磨作業が続けられました。おそらく1門の砲で1カ月ほどはかかったと思われます。

❹敷地を横切って，水車のための水路も掘られています。

❺画面右端の川が多布施川です。1tの銑鉄を得るには6tの石見産の砂鉄と6tの炭が必要とされましたから，それらの運搬のためにも，水利がよいことが絶対の立地条件でした。

❻庭には製造途中の8門の砲身が転がっています。

❼周囲は柵で囲まれています。

❽番所らしき建物も見えます。諸藩では佐賀藩に倣って独自に大砲を製造すべく，佐賀藩の指導や製造所の見学を求めましたが，もともと佐賀藩は，藩士たちに他藩士との交流を禁止する程の閉鎖的な体質であり，秘密の保持に努めました。

佐賀藩大砲製造所についてさらに説明しましょう

　佐賀藩とその出身者は，政治的には尊王攘夷でもなく，かといって公武合体でもなく，旗幟鮮明ではないのに，幕末から明治維新にかけて大きな政治力をもっていました。それは幕末に強力な洋式軍事力をもち，開明的で有能な人材が多かったことが一つの理由です。またその背景としては，西洋に開けた窓口である長崎の警備を担当し，西洋の科学技術の導入に地の利を得ていたことがあげられます。フェートン号事件では，長崎港警備担当藩として，否応なしに軍事力強化の必要性を実感したことでしょう。また幕末の藩主鍋島直正が「蘭癖大名」「阿蘭陀かぶれ」と称される程，そのことに熱心であったこともあります。

　おりしも1953年の黒船の来航により，幕府は品川沖に台場を築くこととなり，佐賀藩に36ポンドカノン砲25門，24ポンドカノン砲25門，計50門の鉄製大砲を注文しました。ちなみに24ポンド砲の砲弾の重さは約11kg，36ポンド砲は約16kgです。「カノン砲」（加農砲）とは，砲台や船舶に装備される砲身の長い大砲の総称です。

　幕府の注文を受けて，佐賀藩では新たに城下の多布施（たふせ）に反射炉を増築し，青銅製の大砲まで含めると，およそ300門もの大砲を製造しました。ただし幕府注文の大砲の一部は，船で輸送の途中に紀州沖で遭難してしまいました。しかし残りは無事に江戸に送られ，品川沖の台場に据えられています。また1859年（安政6）には，幕府に最大規模の150ポンド砲を献上しています。

　なお反射炉は，幕末に伊豆・江戸，佐賀藩・薩摩藩・水戸藩・鳥取藩・萩藩・島原藩などで築造されましたが，伊豆韮山の反射炉がほぼ原形を留めており，一部の遺構が残る萩の反射炉とともに，2015年（平成27）には，「明治日本の産業革命遺産 製鉄・製鋼，造船，石炭産業」として世界遺産（文化遺産）に正式登録されました。

Question 32 江戸時代 19世紀

薩摩藩はどのようにしてイギリスと戦争をしたの？
~薩英戦争~ (『英艦入港戦争図』より)

幕末には尊王攘夷運動が起こり，外国人排斥の風潮が高まりました。当時有力な藩の一つだった薩摩藩は，大名行列に紛れ込んだイギリス人を殺害した事件（生麦事件）を機に，イギリス艦隊との戦いを始めてしまいます。

❶奥に見えるのが桜島ですから，鹿児島城下から桜島方面を俯瞰するように描かれています。

❷湾内にはイギリスの艦船が描かれていますが，戦闘のための単縦陣形をとっていませんから，砲撃開始の直後の様子と思われます。

❸画面中央に見える大きな戦艦は，旗艦ユーリアラス号で，新波止砲台からの砲弾が命中し，艦長らが戦死しました。

❹戦闘のあった7月2日は太陽暦に直せば8月15日ですから，当日の暴風雨は台風かもしれません。風雨の描写やイギリス艦の煙の様子で大しけであったことがわかります。

❺桜島に近いあたりに，拿捕された薩摩藩の蒸気船が3隻見えますが，戦闘が始まったばかりで，まだ焼討ちはされていないようです。

❻絵図では見えませんが，拿捕された3隻のすぐ右あたりに，桜島の袴腰砲台があります。

1862年（文久2）8月21日に起きた生麦事件の処理にあたり，幕府は翌年の5月9日，10万ポンド（約24万両）の賠償金を払いました。しかしイギリスは薩摩藩とも賠償交渉をするため，6月22日に7隻からなるイギリス艦隊が横浜を出航。27日には鹿児島湾に投錨しました。そしてイギリス公使代理ニール中佐は，犯人の処刑と2万5000ポンドの賠償金を要求し，24時間以内の回答を要求したのです。しかし薩摩藩では前年からこのことを予測して何カ所も台場を築いていたくらいですから，交渉が妥結するはずもありません。

　そして7月2日未明，イギリスが交渉を有利に進めるために薩摩藩の天佑丸・白鳳丸・青鷹丸の3隻の蒸気船を拿捕，乗組員を陸上に退去させ，船長や船奉行を捕虜として拘束しました。この中にはのちに外務卿として活躍する松木弘安（寺島宗則）や政商となり開拓使官有物払下事件で有名になる五代才助（友厚）が含まれていました。そしてこれに端を発して，ついに薩摩藩の大砲が火を噴いたのです。

　この絵図は『英艦入港戦争図』の中の一場面で，作者は薩摩藩御用絵師柳田竜雪と伝えられています。

❼松の木の生えている左側が祇園之洲砲台で，6門の砲が配備されていました。もともとは藩政改革で活躍した調所広郷が，兵士の屯集所として造成した埋立地でしたが，島津斉彬によって砲台に改造されたものです。

❽中央に出島のように見えるのが新波止砲台（現在はかごしま水族館になっている）です。全長139m，150ポンドカノン砲をはじめとする11門が備えられた，鹿児島城正面の主力砲台でした。

❾右端に見えるのが弁天波止砲台です。❼～❾の3カ所の砲台は，鹿児島前浜に埋め立てて造成された砲台で，絵図では一斉砲撃で黒煙を噴いています。

薩英戦争についてさらに説明しましょう

　鹿児島湾に投錨したイギリス艦隊に対して，薩摩藩では，突拍子もない計画が立てられました。西瓜売りに変装した81人の決死隊が小舟に乗って近づき，隙を見てイギリスの艦船を奪取しようとしたのです。結局は未遂に終わりましたが，この決死隊には，生麦事件の「犯人」とされた2人の他に，大山巌・西郷従道・伊東祐亨・樺山資紀・黒田清隆らが含まれていたのですから，その意気のさかんなることには恐れ入ります。

　戦闘が始まると，鹿児島の砲台に続いて桜島の砲台も加わり，イギリス艦隊は挟み撃ちにされる態勢になりました。桜島にも砲台があることをイギリス軍は知らなかったため，島に近い位置に碇泊していたイギリス艦は，碇を引き揚げる間もなく，鎖を切断して一時避難する慌てようでした。応戦が遅れた理由の一つは，イギリス公使館通訳アーネスト・サトーによれば，旗艦ユーリアラス号の甲板に，幕府から獲得した巨額の賠償金の箱があって，弾薬庫を開ける妨げになっていたからでした。

　しかし戦列を整えたイギリス艦隊は単縦陣で薩摩藩砲台を砲撃し始めました。また拿捕した蒸気船を略奪して放火してしまいました。イギリス艦隊の大砲は合計約90門，その射程距離は2～4kmもあります。またそのうち約20門が最新のアームストロング砲でした。もっともこの戦闘が同砲の最初の実戦使用で，不発弾や大砲の暴発などの問題点も明らかになりました。薩摩藩の大砲の総数は約80門でしたから，数ではほぼ互角です。しかし射程距離はやっと1km程度ですから，射程距離外に離れられてはどうしようもありません。また火箭（ロケット弾）を撃ち込まれ，市街地に火災が発生しました。

　戦闘は数時間に及びました。折からの台風並みの悪天候は，イギリス側の大砲の照準には不利であったでしょうが，火災の延焼をもたらしたこともあったでしょう。薩摩藩は旧式兵器の割には善戦したといえます。イギリス側の損害は，戦艦の大破1隻・中破2隻，死傷者は旗艦ユーリアラス号の艦長や副長の戦死を含む死者13人，負傷者50人の計63人に及びました。薩摩藩側の死傷者は，死者5人，負傷者13人と，人的損害は少なかったのですが，多くの大砲や洋式工場群である集成館，藩の蒸気船3隻，琉球船3隻が破壊焼失，また城下の1割が焼失してしまいました。市街地への艦砲射撃について，アーネスト・サトーはその著書で不必要であったと厳しく批判しています。

Question 33 開港された横浜はどんな様子だったの？

江戸時代 19世紀

～幕末の横浜～（『横浜明細全図』より）

江戸時代に「横浜」というと街道から外れたところにある普通の漁村でしたが，幕末の開港をきっかけに現在では世界有数の港湾都市に成長しました。なぜ横浜が開港地に選ばれたのでしょうか。

❶ 中央の関内居留地の右上には，「関内」の呼称の由来となった「吉田橋関門」が見えます。

❷ 関門のすぐ南西側には，港崎遊郭（みよざきゆうかく）が移転した「吉原町」があります。よく観察すると，吉田橋を渡りはしますが，関門は経由せずに行けるようになっています。つまりここも広い意味で関内なのです。

❸ 関内居留地の中央には方形の空き地のような区画がありますが，ここには港崎遊郭と太田屋新田という新田があったところで，1876年（明治9）には西洋式の横浜公園になりました。現在はその一画に横浜スタジアムがあります。

❹ 中央の区画から波止場にいたる広い大通りは幅20間（36.4m）の直線道路で，のちに「日本大通」と呼ばれ，火除地としての意味をもっていました。

❺ 波止場の側には運上所がありますが，地図では「御蔵」「町会所」となっています。

❻ 運上所の向かい側には，アメリカの公使館がありますが，この場所こそ，日米和親条約が締結された，アメリカにとって記念すべき場所でした。現在はここに横浜開港資料館があります。

❼ 開港直後につくられた真っ直ぐな波止場は，1867年（慶応3）には東波止場が弓なりに湾曲した形に改築され，「象の鼻」と呼ばれるようになりました。Question34の岩倉使節団の横浜出港の図にも「象の鼻」が描かれています。その後関東大震災で被災し，真っ直ぐな形で復旧されたのですが，2009年（平成21）横浜開港150周年を記念して，再び「象の鼻」に形状が復元されています。

❽ 関内居留地の左端に見える2本の短い波止場は，フランス人の居住区に近かったことから，「フランス波止場」と呼ばれました。かつては海岸通りから約80m先まで延びていたのですが，現在は波止場の痕跡を残しつつ山下公園に取り込まれています。

1858年（安政5）に結ばれた通商条約により，神奈川宿（現在の京浜急行線神奈川駅付近）の開港が決められました。しかし神奈川は東海道の宿駅であり，そこに外国人が居住すれば，攘夷主義者が殺傷事件を起こしかねません。そこで幕府は神奈川を避け，街道からやや離れた横浜村を開港場とすることにしました。欧米列国は話がちがうと抗議をしましたが，幕府は神奈川の一部であると押し通してしまいました。そこに居留地を設定し，神奈川宿から居留地に入る橋には関所の機能をもたせました。そして横浜開港の翌年に，山手下の現在の元町と中華街の間に堀川を開削し，居留地を水路と海とによって周囲から切り離し，事実上隔離してしまったのです。横浜の「出島化」を図ったというわけです。ちなみにその「関」を渡った居留地内は「関内」と呼ばれるようになります。「関内」は行政的地名ではありませんが，現在はJRの駅名として残っています。横浜はどこを見ても歴史の痕跡の集合地域です。

　この地図は，1867年（慶応4）に出版されたもので，幕末の横浜の様子を地番まで表示して描いています。

❾ 外国人に最も人気があったのは，海岸通に面した地域で，「日本大通」から海岸通り沿いに1〜20番地が並んでいますが，現在でもそのまま使われています。地図では海岸通りが直接海辺に面していますが，現在はその海側に，関東大震災で生じた膨大な瓦礫を埋め立てた山下公園ができています。山下公園の地下には，関東大震災の歴史が埋まっているのです。

❿ 画面左端の高台にはイギリスの駐屯地や外人墓地があり，高台の裾は，新たに居留地となった現在の元町がすでに賑わっています。

⓫ 中華街の独特の地割りはすぐに目に付きますから，東西南北の方角を確認してみましょう。
　中国人は集住する傾向があるのですが，彼らが居住したのは，1804年（文化元）に完成した横浜新田という村請新田のあった所でした。埋立地ですから裕福な欧米人には好まれなかったのでしょう。この一画が現在「中華街」と称されています。興味深いのは，ここだけが正確に東西南北に走る道路で区画されています。道路の方角にこだわりのある中国人の手になるものか，すでにそのような区割りがあったものかはよくわかりません。

⓬ 関内居留地の右端には，方形の一画がありますが，ここに幕府が横浜仏語伝習所を設けました。地図では「語学所」となっています。これはフランス軍事顧問団による指導を受けるにあたり，フランス語を理解できる士官候補生を養成するためでした。その側には，神奈川の甚行寺から移転してきたフランス公使館の他，イタリア・デンマーク・プロシア（北ドイツ連邦）の国旗の描かれた各国公使館が並んでいます。ちなみにこの時期のイギリス公使館は，江戸の泉岳寺前にありました。

⓭ 居留地の対岸には星形の神奈川台場が見えます。これは1860年（万延元）に勝海舟の設計により築かれたもので，専ら横浜に来港する海外要人に対する礼砲を撃つことに用いられていました。その右には，神奈川台場築造のために削り取られてしまった権現山が見えます。

⓮ 海上には欧米各国の船が見えます。帆を張っていないのに進んでいますから，その多くが蒸気帆船なのでしょう。国際法では国籍を示す旗を艦尾に掲げることになっていますので，イギリス・フランス・アメリカ・プロシア・オランダ・イタリア・デンマークを確認することができます。

幕末の横浜についてさらに説明しましょう

　幕府は海辺に東波止場（イギリス波止場）と西波止場（税関波止場）の2本の突堤を急造したのですが，外国船は接岸さえできませんでした。しかし波止場の側に運上所（税関）が設けられ，艀を使ってでも貿易が始まると，外国人が増え，居留地の半分に日本人町や港崎遊郭（現在の横浜スタジアムの位置）もできて，しだいに賑やかになりました。1866年（慶応2）の大火によって日本人町の約3分の1が焼失してしまうのですが，遊郭周辺の沼や新田（現在の横浜市役所・横浜公園のあたり）が埋め立てられ，明治時代初期にかけて，横浜公園や日本大通が整備されていくことになります。

　また幕府は早くから高台の一部を各国領事館用地として貸与していたのですが，さらに高台の東端にあたる堀川の河口南側の地域を英仏の海軍用地として貸与していました。そして開港後に外国人の数が急増すると，関内の居留地だけでは足りなくなり，1867年（慶応3）に，高台の下の山手地区も居留地となりました。関内の居留地は狭く湿気が多くて居住には不向きであったため，山手地区の高台が欧米人の居住域として発展するようになります。その結果，関内の居留地は，専ら商業地区として繁栄してゆくことになりました。横浜観光といえば，中華街を外せません。そもそも横浜に中国人が多く居住するようになったのは，すでに香港や上海での貿易に携わっていた欧米の商人が，中国を経由する取引の便を図って，「買弁」と呼ばれた中国人商人をともなって来日したり，コックや使用人や船舶の荷役労働者として連れてきたりしたことによっています。また明治以後のことですが，1871年（明治4）に日清修好条規が締結されると，中国との貿易がさかんになり，さらに中国人が増え，1893年（明治26）の統計ですが，居留地の外国人の7割に及んでいます。

謎トキ 日本史 写真・絵画が語る歴史

近・現代編

第4章 明治

Question 34 明治時代 19世紀

どうして明治政府は岩倉使節団をすぐに派遣したの？
～岩倉使節団～（明治神宮外苑聖徳記念絵画館の絵画より）

岩倉使節団というと「不平等条約の改正に失敗した」というイメージが強いのですが，条約改正交渉以外にも重要な使命を帯びていました。国の威信をかけた使節団であった様子が，絵画史料から読み取れます。

1871年（明治4）7月，廃藩置県により実質的中央集権がなると，明治政府は政府首脳の半分といっても過言ではない程の陣容を揃え，大使節団を米欧に派遣しました。その目的は，①条約締盟国へ国書を提出して明治新政府を諸外国に承認させること，②条約改正の予備交渉，③近代的な制度や文物の視察でした。横浜を出帆したのは1871年（明治4）11月12日。サンフランシスコに到着したのは22日後の同年12月6日。そこから汽車でアメリカ大陸を横断し，ワシントン・ニューヨーク・ボストンを経由して大西洋を渡り，イギリス，フランス，ベルギー，オランダ，ドイツ，ロシア，デンマーク，スウェーデン，イタリア，オーストリアではウィーン万国博覧会を視察，そしてスイスの12カ国を歴訪。地中海からスエズ運河を通過して紅海に入り，セイロン，シンガポール，サイゴン，香港，上海を経由して，出発から1年10カ月後の1873年（明治6）9月13日に，横浜港に帰着しました。

　この絵は明治神宮外苑の聖徳記念絵画館に，横浜市が奉納したものです。1871年（明治4年）11月12日，岩倉使節一行が，まさに横浜港の岸壁を離れた瞬間を描いています。

❶艀（はしけ）に乗って見送りを受けているのは，特命全権大使岩倉具視，その右は副大使木戸孝允，左は副大使大久保利通です。岩倉だけは和服で渡米しましたが，1年早くアメリカに留学していた次男の岩倉具定らに「未開の国と侮りを受ける」と説得され，シカゴで髷を断髪して洋装に改めました。

❷艀といっても蒸気船であり，他の随行者の乗る和船とは格段のちがいです。船尾には日の丸の旗が掲げられていますが，船尾にはその船の国籍を示す旗を掲げるという国際慣習を忠実に実行しています。

❸その他に数隻の和船が見えますが，いずれも随行員や留学生たちです。5人の女子留学生たちも描かれています。彼女らは出発する時は振り袖姿でしたが，サンフランシスコで岩倉に談判し，ようやく洋服を買ってもらっています。その中でまだ幼顔の少女が，津田梅子でしょう。

❹船を漕ぐ船頭たちも，白鉢巻きをきりりと結んで，揃いの青い法被を着ています。多くの外国人が見送る中，細かいところまで気を配った演出でしょう。

❺右側の岸壁は，緩やかに内側に湾曲していますから，現在もその形で残っている横浜港東波止場である，いわゆる「象の鼻」でしょう。

❻右奥の山は，本牧ノ鼻です。

❼沖には使節一行を乗せて，これからアメリカに向かうその名もズバリ「アメリカ号」が待ち受けています。船尾には国籍を示す星条旗が掲げられています。メインマストに日の丸が掲げられているのは，外国港入港時に，その国に敬意をあらわすためにその国の国旗を掲げることになっているからです。後方のマストの旗は社旗でしょう。アメリカ号はアメリカの太平洋郵便蒸気船会社の船で，排水量は4554t。当時アメリカ最大の木造蒸気外輪船でした。ただし翌年，横浜港で碇泊中に，火災で沈没しています。

❽岩倉使節出発の3ヵ月前に散髪廃刀の自由が許可されたばかりですから，江戸時代以来の服装をして刀を帯びている士族の姿がたくさん見られます。

岩倉使節団についてさらに説明しましょう

　使節団の構成は，特命全権大使に右大臣兼外務卿岩倉具視（47），副大使に参議木戸孝允（39）・大蔵卿大久保利通（42）・工部大輔伊藤博文（31）・外務少輔山口尚芳（33）の他，書記官らを含めて計46名。よく知られた書記官としては，のちに『東京日日新聞』主筆や立憲帝政党党首となる福地源一郎，駐英公使として日英同盟締結に活躍した林董（はやしただす）がいます。随員は計18名で，西南戦争で西郷軍の指揮官として活躍した村田新八，五箇条の御誓文の原案を起草し，明治政府の金融政策で活躍した由利公正がよく知られています。留学生は計43名で，自由民権運動の理論的指導者である中江兆民（25），憲法を起草し，ポーツマス会議の舞台裏で活躍した金子堅太郎（18），三井財閥の指導者で，血盟団事件で暗殺された団琢磨（13），大久保利通の次男で，西園寺内閣の文相，パリ講和会議の全権，内大臣などを歴任した牧野伸顕（11），平田東助，大鳥圭介の他，開拓次官黒田清隆の建議により，津田梅子，山川捨松ら5人の女子も含まれていました。これで総勢107名の大使節団でした。

　津田梅子の父である津田仙は幕臣でしたが，西洋野菜の栽培をした経験が買われて1871年（明治4），開拓使の嘱託となりました。開拓次官であった黒田清隆は女子教育にも関心があったことから話が持ち上がったのでしょう。仙は黒田が企画した女子留学生に梅子を応募させました。梅子が日本を出発した年齢について，多くの解説は8歳としていますが，満年齢では6歳11カ月でした。6歳で未知の国に行った梅子の勇気もさることながら，行かせた親もさすがです。仙は幕府の通訳として福沢諭吉と共に渡米した経験があったからでしょう。梅子は1882年（明治15）に帰国しますが，日本の学齢にすれば小学校入学から高校卒業までアメリカで過ごしたようなものですから，帰国した時には日本語をほとんど話せませんでした。しかし父の仙とは英語で話ができました。

　なお随行した太政官の書記久米邦武編による，岩倉使節の見聞報告書『特命全権大使 米欧回覧実記』が，岩波文庫に収録されています。

Question 35

明治時代 19世紀

西南戦争は庶民にどのように理解されていたの？
～西南戦争の頃の風刺画～ （『士族の商法』より）

大政奉還や版籍奉還により，仕えるべき主君を失った旧幕臣や藩士は，士族として秩禄の支給や帯刀などの特権を与えられました。しかし，これらの特権はしだいに縮小され，西南戦争をはじめとする士族の反乱が各地で起こりました。

❶ この店の名前は，「□嶋屋」「新政堂」で，暖簾に染め抜かれています。これは西郷軍が旗印に掲げた「新政厚徳」をもじったもので，「鹿児嶋」の「鹿児」が隠されています。

❷ 菓子を並べた番重には「新政堂隆盛」と記されています。

❸ 暖簾や手代の袢纏（はんてん）には「丸に十の字」の島津家の家紋が染め抜かれ，番重にも記されています。

❹ 店の背後に並ぶ品書が，これまた風刺に満ちていてなかなか面白いものです。まずは右から，「日々出ぱん（帆）　旅費鳥せんべい　御遠国出張の方より多分のお誂（あつら）へあり」は，遠く九州まで出張して旅費を稼ぐ官吏のことです。

❺ 「毎日新製　瓦斯提灯（かすていら）　最早二三千西国へつ（積）みおく（送）り候」は，文明開化のシンボルであるガス灯と警邏（巡査）とカステラをかけていて，西南戦争に会津藩出身者の多い警視隊が出動したことを指しています。また「毎日新製」は会津藩校の「日新館」をかけています。会津士族にとって西南戦争に出征することは，戊辰戦争の怨みをはらすことでした。

❻ 「新製買徳　有平党（あるへいとう）　やうやく一万斗り出来直打なし大負大負（ばか しゅつたい ねうち おおまけ）」は，西郷軍の旗印「新政厚徳」と南蛮渡来の砂糖菓子「有平糖」をもじったもの。「一万斗」ということから，薩摩士族を指しているものと思われます。ちなみに理髪店の赤・青・白のサインポールは有平糖に似ているため，かつては「有平棒」と呼ばれていました。

1876年（明治9）は，士族にとって耐え難い苦難の年でした。3月には廃刀令により帯刀が禁止されました。8月には金禄公債証書発行条例により，華族や士族が受給していた家禄や賞典禄が，一時金や金禄公債証書と引き替えに停止されました。要するにこの年，士族はかつて支配者階級であったことの誇りと，経済的裏付けを一方的に奪われたのでした。いわゆる不平士族の反乱は，1874年（明治7）の佐賀の乱に始まり，1876年（明治9）には敬神党の乱・秋月の乱・萩の乱が相次いで起こりました。そして翌年2月には西南戦争が始まるのです。士族の中には秩禄処分によって手にした資金を元に，不慣れな商売をして失敗したり，かつての支配者階級意識が抜けきらず，威張り散らしては客から敬遠されたりする者が多く，「士族の商法」と揶揄されました。

❼「お芋の頑固り　不平おこし　消化あしく崩易し」は薩摩芋に象徴される薩摩の不平士族のこと。

❽「肥後の城ごめにて製す　熊鹿戦べい　根団は少しもお負不申候」は，熊本城に籠城（城籠と白米をかける）した熊本鎮台軍と鹿児島軍との熊本城攻防戦のこと。

❾「三菱形西洋風　蒸洋艦　売切の日多し」は，人員輸送を独占した三菱が大繁盛していることを指していて，「蒸洋艦」は「蒸羊羹」をかけています。

❿「応頼豆」「肉饅頭」は何を風刺しているのか不明です。ただ「肉饅頭」は古くから女陰の隠語であり，右から2人目の客が「べっぴん（別嬪）の肉まんぢうをくんな」という言葉がそれを暗示しています。

⓫店主の背後には，熊本城攻防戦を連想させる城攻めの絵が見えます。そこに重なる「志（し）の吉やまけてはいけないよ」という手代に対する店主の言葉は，値引きをしてはいけないといいながら，「西郷吉之助よ負けるな」と応援している言葉と理解できます。

⓬左端の「抜刀がけ　困弊盗　世間が騒々敷につきて出来申候味ひ良しからず」の「困弊盗」は砂糖菓子の「金平糖」をもじったもので，廃刀令により帯刀できなくなった士族が，失業して生活が困窮していることを意味しています。

⓭客の台詞にも風刺が隠れています。右端の女は「このおこしは一ト月や二タ月はもちますかへ」といっていますが，鹿児島の城山が陥落するのは，この錦絵が出版されたのと同じ年の9月24日のことです。

⓮右から3人目の女の客は「あるへいとう（有平糖）はずいぶん（随分）うまふございますが，せけん（世間）のひゃうばん（評判）はよろしくございません」といっています。

⓯右から4人目の男の客は「あるへいとうはうまいかね，二朱（西）の札（薩）だよ」といって，「金二朱」と書かれた紙幣を差し出しています。そしてさすがに「二朱の札」が「西の薩」を意味していることには注が必要と思ったのか，「西」「薩」と注記されています。実は鹿児島では桐野利秋の発案により，独自に不換紙幣が発行され，「西郷札」と称されました。ちなみに当時は貨幣の単位はすべて円になっていて，朱は使用されていません。

『士族の商法』についてさらに説明しましょう

　『士族の商法』と題するこの錦絵は，士族の傲岸不遜な商人をユーモラスに風刺したものです。帳場の奥には大福帳を広げ，髭を生やして踏ん反り返る菓子屋の店主がいます。当時の髭は単なるファッションではなく，権威の象徴であったことは，政府の高官が軒並み髭を蓄えていたことでも明らかです。

　しかしこの絵の本当の主題は西南戦争に対する庶民感情なのです。まずこの絵の発行されたのは，熊本城攻防戦真最中の1877年（明治10）3月15日で，西南戦争が勃発してからわずか1カ月後のこと。まだ西郷軍の劣勢が決定的にはなっていない時期です。

　この絵の全体から滲み出ているのは，西郷贔屓の庶民感情でしょう。西郷隆盛の死後，その霊魂が星となったという「西郷星」の伝説が生まれたり，江戸無血開城により江戸を救ったりした恩人として，上野の西郷隆盛像建立を歓迎する庶民的感情の背景となってゆくのです。

Question 36
明治時代
19世紀

屯田兵はどのような生活をしていたの？
～屯田兵村～（明治神宮外苑聖徳記念絵画館の絵画より）

屯田兵とは北海道に入植し，平時は北海道の開拓と防備を担い，有事の際には兵士として戦地に派遣された人々のことです。最初は士族のみに入隊資格がありましたがのちに平民にも拡大され，1904年（明治37）まで制度は続きました。

北海道開拓のために設立された開拓使は，開拓と士族授産と北方ロシアに対する防備を兼ねた「一石三鳥」の秘策として，1870年（明治3），太政官に屯田兵制を建議しました。また西郷隆盛も強く賛同しましたが，西郷は明治六年の政変で下野したため，同じ薩摩藩出身で開拓次官となった黒田清隆が，1873年（明治6）に太政官に建議し，1875年（明治8），札幌郊外の琴似に最初の屯田兵村が生まれました。そして日露戦争直前の1904年（明治37）に制度が廃止されるまで，北海道各地に37兵村，7337戸，39911人が入植し，実に74755haが開発されたのです。そして開拓使廃止後は陸軍省に移管され，1896年（明治29）には屯田兵を中心として第七師団が編成され，陸上自衛隊の第七師団として現在にいたっています。

　この図は琴似に次いで編成された，山鼻の屯田兵村を描いています。山鼻兵村に240戸，男女1114人が入植したのは，1876年（明治9）のこと。出身は青森・酒田（現在の山形）・宮城・秋田県，また北海道の伊達の士族とその家族で，戊辰戦争で「賊軍」となって困窮していた士族の救済が大きな目的であったことがうかがえます。

❶ この図に大きく描かれている藻岩山（標高531m）の山裾には，屯田兵の兵屋が背中合わせに点々と並んでいます。琴似では兵屋が密集するように配置されましたが，この山鼻では程々に間隔をあけて配置されています。それは緊急時の集散の便と，耕地開拓の便とを両立させるための工夫でした。そして二百余戸を一中隊とし，中隊単位で兵村が配置されていました。琴似村が第一中隊ですから，山鼻村は第二中隊です。

❷ 明治天皇は1881年（明治14）9月，北海道行幸の途中，この山鼻屯田兵村に立ち寄りました。儀仗の近衛兵が赤地に金色の菊花紋の天皇旗を捧持し，3角形をした紅白の儀仗旗を槍先に靡かせた近衛騎兵が続きます。明治天皇は馬車に一人で座り，その前後をきらびやかな近衛騎兵が護衛しています。

❸ 天皇の御覧に供するということで，屯田兵たちは軍装で耕作をしています。

❹ 使用している鍬は柄が短く，柄と刃床部とのつくる角度が極端に浅くなっています。このような鍬は，一般には重い土質の耕地で用いられますが，山鼻は水はけがよく，農耕には適していたといいます。

❺ 帽子を被って種蒔きをしているのは，屯田兵の妻です。畑には苗木のようなものが植えられていますから，肥料であるかもしれません。

❻ 北海道と関東地方を中心に「とんでん」というファミリーレストランがたくさんあります。本社は北海道にあり，店名の由来は屯田兵によるものということですが，屯田兵は北海道の人にとっては開拓のシンボルとして今も誇りになっているとのことです。

屯田兵村についてさらに説明しましょう

　兵村によって多少の前後はありますが，土地としては，1戸あた150坪約（495平方m）の宅地と，それに地続きの土地が1500坪，さらに兵村の近隣に3500坪の耕地が付与されました。その後，1878年（明治11）には5000坪，1890年（明治23）の規則の改定により5000坪が追加して支給され，合計15000坪の土地が給与されました。また移住後3年間は，扶助米と塩菜料が給与されていました。当時の北海道では寒冷な気候のため，米作が禁止されていたからです。農業の面では札幌近郊という立地から，札幌への食料供給地，寒冷な北海道に適した農作物の栽培試験場としての役割を担い，また養蚕や馬の飼育などがさかんでした。

　家屋の構造は，畳敷きが2部屋，炉のある板敷きが1部屋，それに土間と便所が付いていました。現代風にいえば，土間の作業場付き2LDKといったところでしょうか。これでも当時の一般入植者家庭の規準からすれば，恵まれていました。しかし屋根は板葺で天井もなく，冬の寒さを凌ぐには不十分でした。また官給の兵舎ですから，勝手に改造することは許されませんでした。

　朝は6時にラッパの音で起床。始業・昼食・終業もすべてラッパの合図で行われました。戸主の成年男子は，移住後半年間は毎日訓練を受け，その後も月3回の訓練，春と秋には野外総合演習，厳冬期には野営訓練が行われるなど，厳しい軍務が課されていました。戸主が訓練に行く間は，農作業は主に女性や子供の仕事でした。

　山鼻は札幌に置かれた「本府」（札幌市街や開拓使本庁を含む敷地を含めて，当時このように呼ばれた）まで走って行ける程の距離にあり，開拓や訓練などの本来の業務の他に，札幌周辺の治安維持や非常災害救助などの業務も兼ねていました。

　かつての兵村があったあたりは，現在では札幌市の市街地となってしまいましたが，中央区の山鼻公園（かつての中隊本部練兵場跡地）には，兵村開設20周年を記念した「山鼻兵村開設碑」が建立され，また西9丁目には「東屯田通り」と西13丁目の「西屯田通り」があり，その名を留めています。図の背景となっている藻岩山は札幌郊外の行楽地となり，頂上展望台からの眺望は絶景で，特に札幌市の夜景は素晴らしいものです。

　なおこの図は，明治神宮聖徳記念絵画館に北海道庁が奉納したものです。

Question 37
明治時代
19世紀

富岡製糸場はなぜ重要な工場だったの？
～富岡製糸場～（『上州富岡製糸場之図』より）

2014年（平成26）に，「富岡製糸場と絹産業遺産群」がユネスコ（国連教育科学文化機関）の世界文化遺産に登録されました。なぜ大都市から離れた紡績工場が，歴史的に重要な意味をもったのでしょうか。

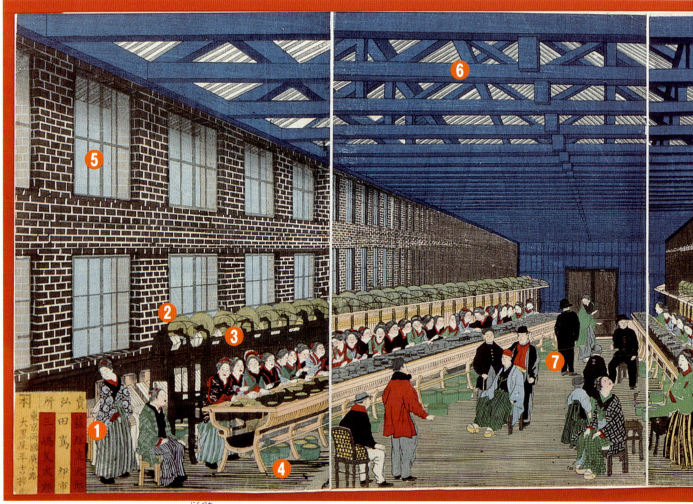

❶ 画面左下に記された「売払所」の「韮塚直次郎」は，富岡製糸場の建設資材調達を一手に引き受けて活躍した人物ですから，彼の名前で発売されたのでしょう。深谷出身の韮塚は同郷の瓦職人を呼び寄せて煉瓦を試作し，12万個も製造させました。のちに東京駅は深谷の煉瓦でつくられます。

❷ 壁際に据え付けられた器械には，生糸を巻き取る四角い小枠が見えます。工女が座る前の釜は，蒸気を通す管によって沸かされた熱湯が供給され，繭を煮ています。絵図では表現できませんが，蛹の悪臭と蒸気の熱気が満ちていました。絵図には描かれていませんが，屋根の最も高いところには蒸気を屋外に逃がすための越屋根が取り付けられていました。

❸ 工女は袴を胸高に着揃えて，身なりにもプライドの高さがうかがえます。またその技能により4等級に分けられていましたが，履いている草履の高さによってあらわされました。

❹ 工女の足許には繭の入った籠が置かれていますが，1等工女となれば，1日で4〜6升の繭を糸に繰りました。

❺ 窓は採光のため，フランスから輸入されたガラス板が使われました。一部は現在も残っていて，微妙な凹凸で光が屈折するために，現代のガラス板と区別が付きます。

❻ 屋根を支える梁には3角形に角材を組むトラスト構造が採り入れられています。これにより柱が少なくても屋根を支えることができました。

安政の五カ国条約により始まった貿易において、最も重要な輸出品は生糸でした。当時ヨーロッパでは機械による絹織物の大量生産が始まっていましたが、蚕の伝染病の流行も相まって、原料生糸の確保が困難な状況でした。そこで目を付けられたのが日本の生糸でした。しかしこのころは座繰りによる農家の副次的な生産であり、輸出目的の粗製乱造が行われたため、品質が不揃いで海外での評判はしだいに悪くなっていました。高品質の生糸を大量に生産できれば、欧米の高い需要に支えられて輸出が拡大することは明らかでしたから、1870年（明治3）、明治新政府はヨーロッパで最も養蚕業のさかんなフランスの技術を導入し、近代的製糸工場建設を決断したのでした。

　富岡製糸場の経営は赤字続きでしたが、富岡工女たちは各地に散ってその技術を伝えたので、「伝習所」としての意義は十分にありました。しかし経営が厳しく、1893年（明治26）には三井に払い下げられ、官営工場としての役目を終えました。

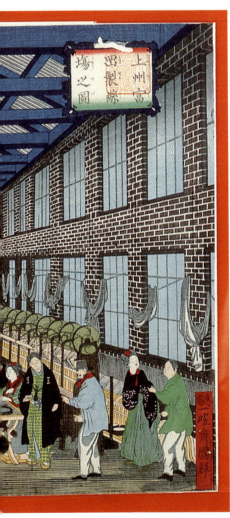

❼場内には洋装の男が8人いますが、来日したフランス人の男は合計8人ですから、洋装の日本人も含まれているかもしれません。

富岡製糸場についてさらに説明しましょう

　製糸場の建設にあたっては、まずポール・ブリューナというフランス人技術者が招聘されました。その月俸は右大臣岩倉具視と同じ600円。他に月150円の賄料が付きましたから、政府がいかに必要に迫られていたかがわかります。彼は埼玉・長野・群馬県で工場建設地を探し、富岡を選びました。その理由は、原料繭の確保、良質で豊富な水、石炭の確保（高崎周辺で亜炭が大量に採掘されていた）、乾燥した気候（繭の保存には必須条件）、横浜への輸送の便、地元民の同意などの条件を満たしたからでした。こうして富岡製糸場は1872年（明治5）7月に完成しました。建物は瓦葺木骨煉瓦造で、工場棟は長さ141.8m、幅12.6m、高さ11.8mもありました。他に長さ104.4m、高さ14mの繭置場が2棟も建てられましたが、1年分の繭を保管するにはこれくらいの大きさが必要でした。自動車も鉄道もない時代に、1尺1寸角で長さ13mの主柱を採れる杉丸太を数百本調達することだけ考えても、いかに大工事であったかがわかるというものです。そして工場内にはフランスから取り寄せた蒸気エンジンや、300の釜を備えた器械が据え付けられました。これほど多くの釜をもつ工場は当時としては世界最大級の規模でした。

　さてここで一つの問題が浮上します。それは工女の確保でした。工場は5月に竣工しているのですが、フランス人の飲むワインが生血であると誤解されたことも手伝って、応募がありません。そこで渋沢栄一の従兄弟にあたる尾高惇忠は、富岡製糸場の建設に奔走して初代所長となった人ですが、自ら範を示すため、13歳の長女の勇を応募させています。工女の中には井上馨の姪の鶴子・仲子姉妹、旧長州藩家老長井雅楽の長女貞子、徳富蘇峰の姉など、士族の子女も多くいました。旧松代藩士横田数馬の娘である横田英は、のちに『富岡日記』をあらわしたことで知られていますが、祖父から「たとい女子たりとも、天下の御為に成事なら参るが宜しい。」と激励され、「私の喜びはとても筆には尽されません。」と記しています。製糸工女というと、のちの「女工哀史」の悲惨な印象が強いのですが、少なくとも初期の富岡製糸場には、そのような雰囲気はありませんでした。もちろんのちに労働環境は悪化するのですが、それは1893年（明治26）に三井に払い下げられてから後のことです。

　ブリューナは輸入器械などの手配を終え、フランス人技師3名と女教師4名ら13人を引率し、妻もともなって竣工前には再来日していました。そしてその後政府の強力な後押しもあってしだいに工女が集まり、10月4日にようやく操業が開始されました。そして創業翌年の1873年（明治6）にウィーンで開催された万国博覧会には、早速「トミオカシルク」が出品され、2等賞を獲得するまでになったのでした。

　富岡製糸場は庶民の関心が高く、明治時代初期の「絵」になる対象でしたから、多くの木版画に描かれています。『上州富岡製糸場之図』と題されたこの絵図は、工場内の設備や操業の様子が丁寧に描かれ、それらの錦絵の中で特に優れたものです。

Question 38

明治時代 19世紀

明治時代初期の銀座はどのような様子だったの？
～銀座通りの図～（『東京名所之図』より）

文明開化により東京は急速に近代化していきました。ここでは東京の中心部である銀座通りの様子を見てみましょう。ほんの40年ほど前には水野忠邦による天保の改革が行われていたのですから，まるで別世界です。

❶画面の左端の建物は朝野新聞社で，現在の銀座の和光本店（旧服部時計店）のある位置です。この社屋の実物大の複製が江戸東京博物館に展示されています。その斜向かいには，地価日本一で知られる鳩居堂があります。

❷右端にも新聞社の社屋が見えます。

❸中央通りは幅をそれまでの2倍の15間（27.3m）に広げ，その両脇には3間半（6.36m）の煉瓦敷の歩道を設けて随所にガス灯を立て，そして歩道に面した建物は赤煉瓦造の2階建とし，煉瓦の壁面を漆喰で白く塗りました。

❹1階正面には石の柱を立て並べたアーケード，その上にはバルコニー（庇や軒下に収まるものはベランダという）が設けられました。雨の日には，アーケードの下を傘もささずに歩けたそうです。もっとも蝙蝠傘は絵図にも見られるように，晴天でもさしていました。日傘をさす習慣はもともとヨーロッパから伝えられたものですが，現在は日本独特の習慣となっています。

❺服装については，背広・フロックコート・ネクタイ・シャツ・ズボン・蝙蝠傘（こうもりがさ）・帽子・ステッキ・靴などを身に着けた男性の姿が目に付きます。それでもまだ和装の男性も多く，中には散髪脱刀令が出された後にもかかわらず，髷を結っている「お上りさん」らしき男性もいます。

❻洋装の女性は一人も見当たりません。それはもともと洋服というものが，軍服や官員服として普及したものであることによっているのでしょう。上流階級女性の洋装すら鹿鳴館以降のことでしたから，庶民の女性には縁がなかったのです。

現在，日本屈指の高級商店街として知られる銀座は，明治維新早々の1869年（明治2）と1872年（明治5）に大火に見舞われました。特に2度目の火事は「銀座大火」と呼ばれ，和田倉門内旧会津藩邸から出火し，丸の内・銀座・築地一帯が焼失しました。この時，東京府知事由利公正の進言により，政府は銀座を西洋風の耐火建築による近代的都市に改造するために，消失地域の新築を控えるように布告。一帯を買い上げて，イギリス人の建築家トーマス.J.ウォートルスの指導により，早速街づくりが始まったのです。

　1873年（明治6）には表通りが完成したのですが，湿気が強いために商品が傷み，木造家屋に慣れた日本人には意外にも不評で，払い下げ価格が高額だったこともあり，空家が目立っていました。それでもしだいに洋食屋・パン屋・鞄屋・牛鍋屋・時計屋・西洋家具店・洋服店など，舶来品を扱う店や新聞社ができて，しだいに賑やかになっていきました。こうして銀座は文明開化のシンボル的な街となり，銀座の開化風俗を描いた錦絵が，東京土産として売り出されました。この錦絵は1882年（明治15），現在の銀座4丁目付近（三越銀座店あたり）を描いたものです。

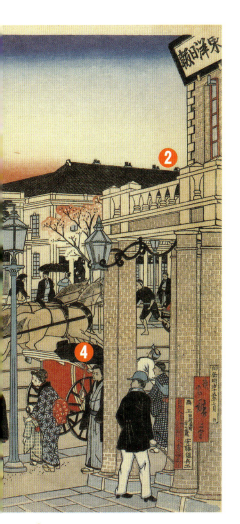

❾後方には警棒をもった巡査が2人乗っています。駅は始点と終点のみでしたが，車掌に告げれば途中で下車もでき，手を上げれば途中で乗ることもできました。しかし最先端の乗り物とはいうものの，馬の生理現象で停車してしまうこともあり，馬の「落とし物」を掃除して歩くのも，「最先端の仕事」でした。こうして東京の鉄道馬車は，路面電車にとってかわられる1903年（明治36）まで，約21年間走っていました。

❿人力車も開化風俗を代表する乗り物です。日本では1870年（明治3）に和泉要助らによって創作されたことになっていますが，それよりも20年早くアメリカで使用されていたという説もあり，本当のところはよくわかりません。しかしのちに日本から東アジア各地に輸出され，さらに「サイクルリキシャ」となって今も使用されています。ゴムタイヤが使用されるのは大正時代以後ですから，この絵図のころは乗心地のよいものではありませんでしたが，急速に普及し，1886年（明治19）の調査では，東京市内だけでも24470台もあったそうです。

⓫車道との境には街路樹として桜・楓・松が交互に植えられました。銀座の街路樹といえば，「東京行進曲」（作詞：西条八十，作曲：中山晋平）に「昔恋しい銀座の柳」と歌われたように，柳がよく知られていますが，最初は桜と楓と松だったのです。しかし銀座は江戸時代に「江戸前島」と呼ばれた低湿地を埋め立てた土地であるため地下水位が高く，せっかく植えた松や桜が次々に枯れてしまったため，1884年（明治17）頃には，銀座の街路樹は水を好む柳に替えられてしまいました。その柳も関東大震災で壊滅し，新たにプラタナスに替えられました。「昔恋しい」というのは，「震災前の柳が恋しい」という意味です。そして第二次世界大戦の空襲により，銀座の街路樹はまたもや壊滅してしまいました。しかし銀座の象徴となった柳を復活させる運動は現在も続いていて，毎年5月5日に銀座柳祭が行われています。

❼中心に描かれている鉄道馬車は，1882年（明治15）6月，まず新橋から日本橋に開通しました。この絵が売り出されたのがその翌月ですから，その注目度が伝わってきそうです。東京市では1872年（明治5）から乗合馬車が運行されていましたが，鉄道馬車には対抗できず，しだいに姿を消しました。

❽鉄道馬車の定員は二十数人で，前方には切符を売る車掌と駅者が立っています。車掌の右前にあるハンドルはブレーキです。

銀座についてさらに説明しましょう

　銀座といえば高級店舗のならぶ商業地区ですが，東京日日新聞（現・毎日新聞）・東京朝日新聞（朝日新聞）・読売新聞などの大きな新聞社の本社があり，最終的には銀座の新聞社の数は大小100社をこえ，銀座はまずは情報発信の中心地として繁栄を始めたのでした。現在では大きな新聞社は移転していますが，銀座には地方紙の東京支局が集中しています。

Question 39
明治時代
19世紀

最初の憲法の発布はどのようにして行われたの？
～憲法発布式典～ （明治神宮外苑聖徳記念絵画館の絵画より）

憲法が制定されるということは，日本が立憲制の形をとる近代的な国家になるということであり，対外的にも重要な意味をもちました。憲法発布の荘厳なセレモニーの様子が，絵画からも伝わってきます。

大日本帝国憲法が発布されたのは，1889年（明治22）2月11日の紀元節の日です。発布式典は竣工間もない皇居（明治宮殿）の正殿で行われました。発布式では，皇族・政府高官・外国公使ら内外の顕官が正装して居並ぶ中，内大臣の三条実美が憲法発布の勅語を記した巻物を，玉座の天皇に捧呈します。そして天皇がそれを読み上げると，枢密院議長の伊藤博文が憲法の原本を捧呈し，天皇がそれを第2代内閣総理大臣である黒田清隆に授けました。この間わずかに10分，天皇が入場してから退場するまでの間は20分しかなく，式そのものはあっけなく終わってしまいました。

大日本帝国憲法は「欽定」憲法であるとよく表現されますが，「欽」とは君主や天子に関わる言葉に付けられる尊敬語ですから，「欽定」とは「君主が定める」という意味です。この絵図は，まさにその「欽定」の瞬間を描いているわけです。

❶ 玉座から立ち上がった軍服姿の明治天皇が，内閣総理大臣黒田清隆に憲法をまさに下賜する瞬間が描かれています。

❷ 天皇に向かって右には，赤い襷を掛けた親王たちが並んでいます。その最前列左端は有栖川宮熾仁親王，2列目左端に伏見宮貞愛親王の姿が見えます。

❸ その奥には各国公使と公使館員が並んでいますが，身長が高いので，すぐにそれとわかります。

❹ 正面に向かって横列に並ぶのは，最前列手前左端の枢密院議長伊藤博文を筆頭とする大臣級の重臣たち。2列目以下には手前左端の枢密院副議長寺島宗則を初めとする枢密顧問官・親任官・勅任官・華族が整列しています。

❺ 画面の左下，背の高い女性が皇后宮，その背後が北白川宮能久親王妃，その右が有栖川宮熾仁親王妃，皇后宮の右に小さく見えるのが内大臣三条実美です。

❻ 天蓋で覆われた玉座には，鳳凰が彫刻された椅子が置かれ，金糸で菊の紋章を縫い取った御帳が掲げられています。

❼ 天井は，回り縁より曲面で天井面を高くした二重折上格天井で，二条城大広間などにも見られるように，江戸時代には「将軍様」に相応しい最も格式の高い様式でした。寺の本堂でも見かけますが，それは別格の「仏様」に敬意をあらわしてのこと。天井画は正倉院に見られる意匠を基にして，極彩色で描かれています。

❽ 周囲には葡萄色の綺羅の御帳が掛け渡されています。

❾ 床は西洋風の儀式を想定して，寄木の板張りとなっています。

大日本帝国憲法の発布についてさらに説明しましょう

東京遷都後，皇居としては旧江戸城の西の丸が当てられていたのですが，1873年（明治6）年に失火により西の丸御殿が焼失したため，早くから新宮殿造営が検討されました。しかし西南戦争などの出費により政府の財政事情が逼迫し，新宮殿造営の勅許が下りませんでした。その後は旧紀州徳川家の江戸藩邸を改造して赤坂仮御所としていたのですが，しかし憲法発布や国会開設が時間の問題として迫り，ようやく勅許が下りました。それで初めは鹿鳴館を設計したコンドルにより，石造の西洋風な建築が構想されたのですが，結局，外観は京都御所風でありながら，室内には西洋風の調度を備えた，和洋折衷の木造建築に改められ，1884年（明治17）4月に着工，6年越しの工事により，憲法発布の前年の10月に竣工したばかりでした。鹿鳴館の建築費が18万円のところを400万円もかけ，贅と粋を兼ね備えた豪華な建築でしたが，残念ながら1945年（昭和20）5月25日の東京大空襲で，陸軍参謀本部（現在の憲政記念館のある場所）が爆撃された時，桜田濠をこえて飛び火が燃え移り，灰燼に帰してしまいました。現在では一般に「明治宮殿」と呼ばれています。

なお，そういうわけで発布式典が行われた明治宮殿は残っていませんが，憲法について枢密院会議が行われた赤坂仮御所の部屋は，のちに伊藤博文の公邸に移築されました。そして明治記念館に「憲法記念館」として開館され，現在は結婚式場として使われています。

憲法発布式典には外国の要人も参列していましたが，その中の一人に御雇外国人のドイツ人医師ベルツがいました。彼は「憲法の内容を存じない」のに「言語に絶する騒ぎを演じていた」市民の「滑稽」な様子を，『ベルツの日記』に記しています。彼は式典を退出する際に，印刷された憲法をもらったはずですから，憲法の内容を知って，なお一層滑稽に見えたことでしょう。また発布式典の出席者はすべて洋服の正装でしたが，島津久光の子である島津忠義だけは髷を残したまま洋服を着ていたので，「珍妙な光景であった」と述べています。また「残念ながらこの祝日は，忌まわしい出来事で気分がそがれてしまった。森文相の暗殺である」と，文部大臣森有礼が発布式典に出席するために官邸を出たところ，国粋主義者に短刀で刺され，翌日死亡したことを記しています。なお蛇足ながら，憲法発布にともなう恩赦により，西郷隆盛に正三位が追贈されました。

この絵図は明治神宮外苑にある聖徳記念絵画館に展示されていて，作者は「渡頭の夕暮」でも知られる和田英作です。彼は黒田清輝の弟子で，東京美術学校長を務め，また文化勲章を受章しています。

Question 40
明治時代
19世紀

教育勅語とは
どのようなものだったの？

～教育勅語捧読～（『明治天皇御絵巻』昭和12年，大日本雄弁会講談社　所収より）

大日本帝国憲法と並び，戦前の国民思想の基礎となったものが教育勅語です。当時の天皇は主権者であり神聖なものですから，その内容は憲法と同様に絶対でした。捧読の様子を描いた絵画からも，厳粛な儀式であることがうかがえます。

❶ 正面には天皇・皇后の「御真影」が懸けられています。「御真影」は普段は勅語と共に学校の一画に建てられた奉安殿か，校内の奉安庫に厳重に保管されていました。

❷ 壁には紅白の幕がめぐらされ，教師は正装，生徒も正装の者が多いので，何かの式日なのでしょう。菊の花らしきものが飾られていますから，時期的には明治天皇誕生日（11月3日）である天長節かもしれません。

❸ 校長がもっているのが教育勅語の謄本です。時には白手袋をすることもありました。校長は正面には立たず，少し脇に寄って立っています。読み間違えると，校長といえども責任問題となり進退をも問われますので，前日には何度も読む練習をしたといいます。

明治初期の学校における道徳教育は，明治10年代になると極端な欧化主義に対する反動として，儒教的な徳目を尊重するように転換が図られました。おりしもこの時期は自由民権運動の高揚期でもあり，政府はそれに対抗するため，天皇制を支える国民の道徳的指標の必要性を考えました。それに応えてつくられたのが教育勅語で，正式には「教育ニ関スル勅語」といいます。

　大日本帝国憲法では第55条で「凡テ法律勅令其ノ他国務ニ関ル詔勅ハ国務大臣ノ副署ヲ要ス」と定められていましたが，教育勅語には「御名御璽」のみで，国務大臣の副署はありません。それはその内容が「国務ニ関ル詔勅」にはあたらないものとされたためです。一般の法律ではありませんから，法律学的には法的拘束力という概念には馴染みませんが，憲法第3条「天皇ハ神聖ニシテ侵スヘカラス」など，天皇に関する諸条文などと相俟って，超法規的な国民道徳教育の規範となりました。この図は東京湯島小学校で教育勅語を「捧読」している場面です。

❹校長が読み終わるまで，教師も生徒も頭を垂れて謹聴しなければなりませんでした。この図では男子生徒しか見当たりませんが，当然ながら女子生徒もいたわけで，現在の小学校とは異なり，男女別に整列しているのです。

　また文部省が強制したわけではありませんが，小学校では生徒に教育勅語の暗誦をさせることがしだいに広まりました。小学生には難解であるにもかかわらず，しばしば耳にし，また強制的に暗誦させられるので，ほとんどの小学生は暗記してしまいました。

　勅語捧読後は，校長が勅語に基づく訓示をするのが普通でした。「畏れ多くも」と校長の声が改まるたびに一同姿勢を正し，「天皇陛下におかせられましては‥‥」と続くのです。式の間は一同緊張の連続ですが，式が終わると小学校では生徒に菓子を饗することもあり，子供の楽しみでもありました。

教育勅語についてさらに説明しましょう

　教育勅語起草の中心となったのは明治天皇の侍講であった儒学者の元田永孚（もとだながざね）で，第一次山県内閣のもとで起草が進められました。実際の起草にあたったのは，憲法の起草にも関わった法制局長官の井上毅（いのうえこわし）でした。公布されたのは1890年（明治23）10月30日のことです。明治天皇が芳川顕正文部大臣に下賜し，ただちに第一回帝国議会の開会に先立って発布されました。時の首相は，かつて内務大臣として保安条例により自由民権運動を弾圧した山県有朋であり，教育勅語の内容を暗示しているようです。

　芳川文相は発布の翌日，謄本を全国の学校に頒布すると発表し，三大節（元日の四方拝，紀元節，天長節，のちに明治節）などの祝祭日や，学校で式典がある場合に，生徒の前で「捧読」すべきことを通達しました。これを受けて，学校では「御真影」奉拝，万歳奉祝，勅語捧読，校長訓示，祝祭日唱歌合唱などが，厳粛な雰囲気の中で行われるようになりました。

　教育勅語が発布された翌年の1月9日，第一高等中学校で教育勅語捧読式が行われました。校長代理が勅語を捧読した後，教師と生徒が5人ずつ壇上に上がり，勅語の天皇宸筆の署名を「奉拝」することになりました。嘱託教員ではあるが教頭に次ぐ要職にあった内村鑑三は，突然のことに驚いて一瞬ためらった後，彼の言葉を借りれば「チョット頭をさげた」だけで降壇しました。軽く礼はしたものの，最敬礼をしなかったのです。しかしこの行為にたいする非難が教員や生徒の中から起こり，さらに新聞に報じられ，「国体ニ違フ」として大問題となりました。いわゆる内村鑑三不敬事件です。

　内村はこの事件後肺炎を起こして絶対安静中であったため，「ソノ儀式ハ寧ロ愚カナルモノト信ズト雖モ，学校ノタメ，校長ノタメ，而テ小生ノ生徒ノタメニ，小生ハオ辞儀ヲナスコトニ同意セリ」（『内村著作集第18巻』）として，代理を立てて勅語の宸書に改めてお辞儀をしました。「教育勅語は実行すべきものであって，礼拝すべきものではない」という彼にとっては，信念に基づいた拒絶ではなく，むしろ信仰的良心による躊躇というべき行為でした。しかし結局，彼は依願解嘱となったのです。

　ちなみに教育勅語は1946年（昭和21）に連合国軍最高司令官総司令部の指令により，朗読と神聖的な取りあつかいが禁止され，1948年（昭和23），衆議院の「教育勅語等排除に関する決議」，参議院の「教育勅語等の失効確認に関する決議」により失効が確認されました。

Question 41
明治時代
19世紀

初期の帝国議会の様子はどうだったの？
～明治期の衆議院～ (『帝国議会衆議院之図』より)

東京都千代田区永田町に現在の国会議事堂ができる前は，現在の霞ヶ関1丁目にあった仮議事堂で議会がひらかれていました。その場所には，今は経済産業省の庁舎が建っています。錦絵から当時の議会の様子を見てみましょう。

❶ 床には絨毯が敷き詰められています。

❷ 中央には天井から電灯の付いたシャンデリアが吊り下げられていますが，実際にはもっと高い位置でしょう。

❸ 議員席は半円の同心円状に配置されています。座席の配置については，当時の座席表で見る限りは，特に政党ごとや地域ごとに並んでいるわけではなく，規則性はなさそうです。立候補は届出制でなかったため，有権者は立候補を表明していない人にも投票できました。議員になりたい人を選ぶのではなく，議員にしたい人を選ぶ選挙でもあったのです。

❹ 議員席の円の中心には速記者が6人（実際には4人）座り，発議者の発言などを一心不乱に速記しています。当時の速記録を見ると，笑声や野次などの不規則発言までしっかりと書き留められていて感心します。

❺ 中央の壇上には議長と左右の書記官が座っています。

❻ 議長の前では発議者が演説をしています。議員たちは黒いフロックコートのような服を着て，蝶ネクタイをしています。また口髭を蓄えている者がたくさんいます。黒いコートに口髭のファッションは，「お上」の権威をあらわすと考えられていたのでしょう。

当時の帝国議会の様子は，多くの錦絵によって国民に伝えられました。しかし絵師が傍聴席で見学することはできたでしょうが，その場で直接写生したわけではないでしょうから，必ずしも正確ではありません。しかしこの錦絵は，比較的忠実に描かれているようです。ただし最初の議事堂は，1890年（明治23），帝国議会招集前日の11月24日に竣工したにもかかわらず，翌年1月20日，第一回帝国議会の最中に漏電のために全焼してしまいました。ですから，錦絵に描かれている議場は，その後1891年（明治24）10月30日に竣工した第二次仮議事堂です。そしてこの第二次仮議事堂は，この後1925年（大正14年）9月18日，関東大震災後の改修工事中，作業員の火の不始末から火災を起こして焼失するまで，34年間日本の政治の表舞台となりました。

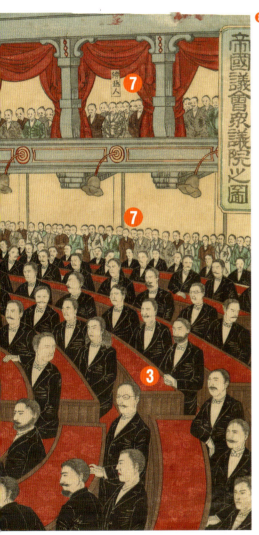

❼議員席の周囲や2階には傍聴席があり，人々が固唾を呑んで議場を見つめています。一般人が議会を傍聴することは認められていましたが，議員の紹介と，羽織袴か洋服を着用する必要がありました。

❽左右の壇上には，大臣や政府委員たちが傲然とした表情で議員席を見下ろしています。閣僚席が議員席より高い位置にあるのはドイツの議場を参考にしたものです。憲法発布の翌日に黒田清隆首相が「政府ハ……超然政党ノ外ニ立チ……」と議会を無視するようないわゆる「超然主義演説」をしていますが，議会を政府の協賛機関と見るような姿勢を象徴しているようです。このような議席の配置について，第一回総選挙で当選して以来，長年議員を務めた尾崎行雄は，なかなか興味深い発言をしています。曰く，「議場を見おろすような高い演壇の上に上り，大きなテーブルの上に原稿を広げ，コップの水を飲んでから『諸君』と切り出すと，つい出さんでもいい大声を出したり，せんでもいいみえを切ったりするのが，人間の心理作用かも知れぬ。いっそのこと演壇を取りはらい，議員は皆自分の議席で発言するようにすれば，はでではないが，実のある熟談協議ができるであろう。その点でイギリスの議場はおあつらえ向きにできている。」（前田英昭著『エピソードで綴る国会の100年』による）。のちに「憲政の神様」と讃えられた尾崎行雄にとっては，大臣たちが上から見下ろす議席配置は，議会を無視する「超然主義」そのものだったのです。もっともこの絵図の頃には，発議者用の演台はなかったようです。

帝国議会についてさらに説明しましょう

　明治十四年の政変で10年後の国会開設が約束されていましたが，約束通り1890年（明治23）7月1日に第一回衆議院総選挙（投票率93.91％）が行われ，11月25日に第一回帝国議会が招集されました。衆議院の勢力分野は，反政府の民党である立憲自由党が130人，立憲改進党が41人で，定員300人の過半数を占め，政府支持の吏党は，大成会79人，国民自由党が5人，残りの45人は無所属でした。ただし当時は党籍が明確ではなく，資料によっては多少の異動があります。ちなみに「民党」「吏党」の呼称は，中江兆民の命名によります。

　議員の府県別人数では，新潟県が最も多い13人，次いで東京府・兵庫県の12人，愛知県が11人，大阪府・広島県が10人で，最も少ないのは山梨・鳥取・宮崎県の3人です。もっとも北海道と沖縄には選挙区そのものがありませんでした。選挙区の議員定数は有権者の数には関係なく，選挙区の人口に応じて全体の300人を割り振って決められました。1888年（明治21）の統計では，新潟県の人口が166万人で第1位。今では想像もつきませんが，東京府は135万人で，なんと第4位だったのです。

　なおこの錦絵は1893年（明治26）の発行ですから，実際には第二次伊藤内閣のもとで第四議会が開かれていました。首相伊藤博文・外相陸奥宗光・内相井上馨・陸相大山巌・農商務省後藤象二郎・司法相山県有朋・逓信相黒田清隆らがいましたが，人相まで描き分けてはいないようです。また議長は星亨でした。

Question 42 足尾銅山の周辺はどんなところだったの？
～明治期の足尾銅山～（『風俗画報（足尾銅山図会）』より）

明治時代 19世紀

鉱毒事件で有名な足尾銅山ですが，足尾銅山の周辺は江戸時代より続く鉱山町で，下野国（栃木県）では有数の都市でした。明治34年に描かれた絵図から当時の繁栄ぶりを見てみましょう。

❶ 絵図の中央から右上に沢を登ったあたりが，鉱石採掘の中心となった本山坑のあるところです。

❷ 山腹に小さく鳥居と社殿が見えますが，これが「山神様」と呼ばれた本山坑神社です。祭神は大山祇命・金山彦命・金山姫命の三柱で，現在も1889年（明治22）につくられた鉄製の鳥居が残されています。本山坑の入り口は，神社から見て対岸の斜面にありました。絵図にも描かれているように，この一帯には最盛期には1000人以上の銅山関係者が居住して賑わっていましたが，現在はその面影すらありません。

❸ 絵図の中央下に見えるアーチ形の橋は，1890年（明治23年）に鉱石運搬用としてドイツ人の設計により架けられた鉄橋で，経営者古河市兵衛の名前をとって，「古河橋」と呼ばれました。現在は平行する新古河橋ができたため使用されていませんが，国の重要文化財となっています。

❹ 橋の手前の左右には，鉱山労働者の住宅が密集しています。第一次世界大戦中の好景気の頃には人口がピークとなり，1916年（大正5）には8484戸，38428人で，宇都宮に次ぐ栃木県第2位の大きな町だったのです。現在の人口は，その1割にも達しません。

足尾銅山で採掘が始まったのは，江戸時代も始まったばかりの1610年（慶長15）のことでした。幕府の直轄鉱山となり，のちには足尾で寛永通宝の鋳造も行われました。その銭の裏面には，「足」の字が浮き彫りに鋳込まれています。銅は江戸時代に日本の最も重要な輸出品でもあり，足尾銅山では1610年から1759年にかけて121794トン，この150年間に平均して年812トンもの銅を産出していました。しかし18世紀初頭をピークに生産量が激減し，1821年にはほぼ閉山状態となっていました。ところが1877年（明治10），古河市兵衛が足尾銅山の経営を始めると，最初の4年間はほとんど成果なかったのですが，1881年（明治14）に有望な鉱脈が発見され，ダイナマイトや削岩機の使用などの新技術も相俟って，生産量が飛躍的に向上したのです。銅は重要な軍需品ですから，銅山開発は富国強兵策には欠かせない存在でした。しかしこのようななりふり構わぬ生産拡大が，甚大な環境汚染や労働問題を引き起こし，足尾鉱毒事件や鉱夫の暴動事件である足尾銅山事件を起こすことになります。なおこの図は『風俗画報』第234号「足尾銅山図会」（明治34年）に収められています。

❺絵図の左端に見える四角いプール状の池は，間藤浄水場です。足尾銅山問題を田中正造が議会で取り上げたのは1891年（明治24）のことでしたが，それを受けて政府は，坑内からの排水を中和・沈殿させて放水するように義務づけました。本山坑からの排水はみなここで処理されたのですが，それが不十分であったことは，鉱毒問題はなお続いていたことでも明らかです。なおこの少し下流には中才浄水場もあるのですが，ここでは現在もなお浄水処理が行われています。

❻間藤浄水場に接して見える大きな建物は，私立古河銅山尋常小学校の校舎です。昭和22年に公立となり，足尾町立本山小学校と改称しました。平成17年には廃校になりましたが，昭和15年に建てられた講堂は現在も残っています。絵図には見えませんが，小学校の対岸には，間藤水力発電所があります。1890年（明治23）にわが国最初の本格的な水力発電所（間藤水力発電所）が足尾銅山につくられたのも，採掘や運搬の効率化を狙ったものでした。

❼絵図の右端には，本山製錬所の煙突が銅山のシンボルのように聳えています。当時の最先端の技術により，それなりに脱硫装置があるのですが，不完全なため，亜硫酸ガスを含んだ白煙を吐き出しています。当時のものではありませんが，煙突は現在もなお産業遺産として残っています。

❽煙突の下の急斜面には，レールを敷いて貨物を昇降させるインクラインが設けられています。

❾斜面の下には貨物専用の鉄道の線路が見えます。現在は国鉄の民営化にともなって貨物線は廃止され，わたらせ渓谷鐵道として運行されています。その手前の平坦な場所には製錬所の工場群があります。掘り出されたばかりの銅鉱石の品位は1％そこそこなのですが，選鉱所で20％まで品位を上げ，最終的にはこの製錬所で品位99％の粗銅にまで精錬しました。

足尾銅山についてさらに説明しましょう

　足尾銅山は1973年（昭和48）に閉山しました。銅山発見以来360余年に掘られた坑道の総延長は約1200km，東京〜博多間の距離に相当します。現在は銅山観光を中心とし観光地に生まれ変わろうとしていますが，足尾銅山を中心に発展した古河財閥は，現在は古河電気工業とその関連会社となり，光ファイバー・電線・リチウムイオン電池材料・ハードディスク用アルミ基板などの製産では世界的なシェアをもっています。

　銅山を俯瞰すると，全体が一つの山になっています。この山は備前楯山という名前で，樹木が著しく少ない禿山の状態です。原因の一つは亜硫酸ガスによる煙害，もう一つは坑木や燃料として切り出されたためです。現在は地域を上げて緑を回復する植林が行われ，この絵図の状態よりは余程に回復していますが，またまた十分ではありません。周囲の自然のままの山々と比較すると，まだ一目瞭然とその差がわかります。しかし渡良瀬川の清流はすでに回復され，新鮮な川魚を賞味することもできます。

Question 43 日露戦争はどのような戦争だったの？
～旅順攻略戦の様子～（『日露戦争旅順要塞攻撃』より）

明治時代 20世紀

　日露戦争は，日本が経験したことのなかった近代的な軍隊同士の戦争でした。機関銃や手投弾など殺傷力の高い兵器が大量に投入され，双方の被害は甚大なものとなりました。石版画から，当時の戦場の様子を見てみましょう。

❶名前に似合わず樹木のない山頂部には，コンクリートで構築された堡塁が見えます。

❷日本軍は味方をも砲撃しかねない砲火の中，遮蔽物のない山の斜面をジグザグに塹壕を掘り進めました。

❸堡塁の真下に爆薬を仕掛け，爆破した瞬間でしょうか。松樹山堡塁占領直前の堡塁爆破は，旅順戦最大級の爆破であったといわれています。

❹落下する土砂に埋もれる危険を冒して，突撃が続いています。

❺画面右下では，まさに白兵戦が始まろうとしています。

❻幾重にも張り巡らされている鉄条網には電気が流れていることもあり，触れれば感電することもありました。

日露戦争の地上戦で，最も戦略的な意味をもち，最も凄惨を極めたのは旅順要塞の攻防戦でした。旅順攻略を担当した第三軍司令官乃木希典は，かつて日清戦争で歩兵第一旅団を率いて旅順要塞攻略戦に参加し，事実上わずか1日でこれを陥落させた経験をしていました。日露戦争において乃木希典が旅順要塞を担当することになったのは，そのような経験をかわれたこともあるのでしょう。しかもその際の日本軍の死傷者は戦死40人，戦傷241人，行方不明7人に対し，清国側は金州から旅順までの戦死者は約4500人でした。またこの経験が，日露戦争で日本軍が旅順攻略戦を軽く見る背景にもなったことでしょう。

　この絵図は石版画で，カラー写真のない時代に，戦況を報じつつ国内の銃後の援戦気分を昂揚させるために，たくさん描かれました。その目的からして誇張はあるでしょうが，激戦の様子が細かくに描かれています。明治37年12月12日に印刷されていますから，二〇三高地占領後のことです。第3回総攻撃（数え方によっては，絵図の説明のように「第四回」となる）において，第一師団が旅順の北側にある松樹山堡塁を攻撃している場面です。

❼山の間からは旅順の市街と，おそらくは二〇三高地からの観測砲撃を受けるロシア東洋艦隊の艦船が，湾口のはるか遠くには，旅順港外で哨戒する日本の艦船が見えています。また旅順港の出入り口である湾口がわずか270mしかないことも確認できるでしょう。その狭さが，海軍により旅順港口閉塞作戦を立案させた要因でもありました。

旅順攻略戦についてさらに説明しましょう

　第1回旅順総攻撃が本格的に始まったのは，1904年（明治37）8月19日のことでした。日本軍はまず要塞を集中的に砲撃し，その後歩兵が正面から突撃を繰り返す正攻法をとりました。しかしかつて1日で攻略できた旅順要塞は，ロシア軍によって膨大な量のコンクリートで難攻不落の要塞につくりかえられ，機関銃や手投弾などの新兵器も登場し，ロシア軍の士気もかつての清軍とは比べものにならない程高かったことも相俟って，いたずらに死傷者の山を築いてしまいました。そのため一旦攻撃を中止し，要塞攻撃のための坑道を掘り，9月19日攻撃を再開したのです。日本軍はそれまで本格的な攻城戦を経験したことがほとんどなく，坑道戦術を重視していなかったのですが，ここに来てようやくその重要性に気付いたのでした。

　第2回総攻撃は10月26日に始まりました。前回の失敗を反省して，ジクザグの濠を掘り進めては攻撃陣地を構築する戦法と，新たに加わった28cm榴弾砲はそれなりに効果があったのですが，結局これも31日には攻撃を中止せざるを得ませんでした。ちなみに28センチ榴弾砲の性能は，最大射程7900m，80cmのコンクリート・40cmの鉄筋コンクリートを貫徹する程のものでした。

　第3回総攻撃は11月26日から始まりました。各師団から選抜で特別編成された白襷隊三千余人が，闇に紛れて松樹山堡塁を奇襲して玉砕したのはこの時のことです。翌27日，乃木司令官は攻撃目標を二〇三高地に変更し，一時はその一画を占拠したのですが，すぐに奪回され，結局，二〇三高地を占拠したのは12月5日のことでした。

　その後，この二〇三高地に観測所を設け，遠距離からの観測砲撃により，旅順港内のロシア東洋艦隊が壊滅されたということになっていますが，陥落後の陸海軍による調査では，ロシア軍艦に砲弾が命中しても不発弾が多く，キングストン弁を開いて自沈したものであったことが明らかになっています。唯一港外に脱出できた戦艦のセヴァストポリも，日本海軍の水雷艇の雷撃により大破し自沈しました。観測砲撃の意味がなかったわけではないでしょうが，多くの艦船が先の黄海海戦で大損害を受け，すでに戦闘力を失っていたとも考えられます。

　二〇三高地占領後も戦闘は続きました。この絵図に描かれている松樹山堡塁では，3本の坑道が開削され，堡塁の下に約1000kgの爆薬を仕掛けて爆破し，ようやく12月31日の大晦日にこれを完全に占領しました。そしてその翌日の1905年（明治38）元日，4カ月以上の激闘の末に，旅順のロシア軍守備隊は降伏したのでした。結局，旅順攻城戦における日本軍の人的損害は，参加約13万人中，死傷者5万9400人，うち戦死は1万5400人に及びました。

第5章 大正・昭和・平成

Question 44 昭和時代 20世紀

東京駅はいつ頃完成したの？
~戦前の東京駅~ (『帝都丸之内東京駅の偉観』より)

現在の東京駅は，戦災で焼失したドーム型屋根や一部外壁などを竣工当時の姿で復原し，2012年10月に供用が開始されました。1914年（大正3）の竣工から間もない東京駅の様子を見てみましょう。

❶ 辰野金吾の設計は，赤煉瓦に白い花崗岩を帯状に廻らし，アーチ形の窓を多用する様式を特徴とします。東京駅の駅舎は重厚で華麗な印象が強く，イギリスのヴィクトリアンゴシック様式の影響が見られます。長さは335m（東京タワーは333m），ドームの高さは35m。着工は1908年（明治41），竣工は1914年（大正3）で，「東京駅」と命名されました。開業の日は第一次世界大戦の青島攻略軍の神尾光臣中将の凱旋と重なり，凱旋門としての役割も果たしました。

❷ この図では駅の出入り口や市電に日の丸と旭日旗が飾られ，祝日のようです。

❸ 駅舎の右手の南口が中に入る人々で混雑しているのは，乗車専用口であったため。左手の北口は降車専用口，中央口は皇族や貴賓専用口，その間の小さな入り口は荷物専用口です。

❹ 画面左端の蒸気機関車と煉瓦の架橋は，1919年（大正8）に乗り入れた中央線です。

今でこそ東京駅は東京の表玄関口といいますが，東京の各鉄道が営業を始めた頃は，官営東海道線の起点は今の新橋駅，私鉄日本鉄道の東北線の起点は上野駅，私鉄甲武鉄道（のちの中央線）の起点は飯田橋駅（後に御茶ノ水駅）という具合で，各鉄道の起点が分断されていました。そのため各路線の起点の中間地点に新駅を設けて連結させる計画は早くからあり，1896年（明治29）に帝国議会で新駅建設案が承認され，新駅は「中央停車場」と称されました。当時の丸の内一帯はかつての大名屋敷で，それが取り潰され，陸軍の演習地だったものを，三菱の2代目の岩崎弥之助が払い下げを受けた場所で，「三菱が原」と呼ばれる一面の草原となっていました。現在の丸の内一帯が東京の表玄関に相応しい広さを確保していることには，そのような背景があったのです。ちなみに丸の内には，三菱系企業の本社社屋が現在もたくさんあります。

この石版画が発行されたのは1935年（昭和9）。新しい乗り物がいくつも描かれ，多くの市民で賑わい，大正期から昭和初期の市民文化をよくあらわしています。

❺路面電車は東京では1903年（明治36）に登場し，1911年（明治44）には東京市の経営する「市電」となって市民に利用されました。ちなみに現在も営業運転している東京の路面電車（都電）は荒川線だけとなり，地下鉄やバスに取ってかわられています。

❻タクシーは関東大震災後に急速に普及しました。大正最末期から昭和初期にかけて，「東京市内1円均一料金」のふれこみで，「円タク」と呼ばれるタクシーが登場しましたが，当時の1円は，比較するものにもよりますが，現在の2～3千円以上はしますから，「庶民の足」にはまだなっていませんでした。

❼オートバイが1台描かれていますが，日本製が商品化されたのが1933年（昭和8）であり，目にすることさえ稀なものでした。

❽かつては「ハイカラ」な遊具的乗り物であった自転車が，大正期には市民の実用的・日常的な乗り物となって普及しました。

❾普及した自転車に対して，廃れたのが人力車です。

❿空には第一次世界大戦にも登場した，飛行船と複葉飛行機が描かれ，新しい時代を表わしています。

⓫郵便物を輸送する車。東京駅南口前には東京郵便局（現・東京中央郵便局）があります。

東京駅についてさらに説明しましょう

東京駅の建設計画では，初めは和洋折衷案でしたが，明治天皇の意向により洋風の建築となりました。設計者は日本銀行本店の設計で知られた辰野金吾です。建築にあたって耐震性を考慮して，長さ7～8mの松杭を11050本も地下に打ち込み，構造は鉄骨煉瓦造としました。ちなみに駅前の丸ビル建築の際に同じように打ち込まれた杭が，丸ビル北面の3連アーチ前に保存展示されていますので，機会があれば確認してみてください。

しかし開業したというものの，駅から皇居までは何もない原っぱで，ばったや蛍が飛ぶありさまだったといいます。それがこの図のように賑やかになったのは，大戦景気で多くの「ビルディング」が建ち始めてからのこと。特に1923年（大正12）に「丸ノ内ビルヂング」ができてからは，東京一のオフィス街となりました。丸ビルのオープン時のキャッチコピーは「日曜日なのに東京駅に降りていた」というもので，オフィスが営業しない休業日や祝祭日でも賑わっていました。

「辰野金吾」が「辰野堅固」と揶揄されただけあってさすがに耐震性に優れ，関東大震災でも大した被害はありませんでしたが，1945年（昭和20）5月25日，降車用北口に米軍の焼夷弾が命中。煉瓦の外壁とコンクリート造の床の構造体は残りましたが，鉄骨造の屋根は焼け落ち，内装も大半が失われました。そのため2年後に，丸いドームは中央と同じ寄棟形にし，3階部分を取り壊して2階建として応急的に復旧されました。駅舎の下半分は第一次世界大戦の戦勝記念碑，上半身は太平洋戦争の敗戦記念碑ともいうことができましょう。

しかし復旧はあくまでも暫定的なもので，早くから再建が計画されました。何回か高層化計画が浮上しましたが，結局，署名運動や国会請願などの市民運動が功を奏し，2012年（平成24）10月1日，この図と同じ本来の形に復原されてオープンしました。ドーム内のドーリア式の柱の上部には，2012を意味する「MMXⅡ」というローマ数字が刻まれているのが見えます。

Question 45 戦前の東京ではどこが娯楽の中心地だったの？

大正時代 20世紀

～浅草～（『東京名所 浅草公園十二階附近之真景』より）

現在では，浅草寺や仲見世通りをはじめとして下町を代表する観光地となった浅草ですが，戦前から高度経済成長期前までは浅草六区という東京有数の歓楽街をもつ娯楽の中心地でした。大正時の石版画により当時の浅草の様子を見てみましょう。

❶絵図の中心には1890年（明治23）に竣工した「浅草十二階（凌雲閣）」がそびえています。10階までは煉瓦造でその上は木造でした。ふれこみでは高さは「220尺」(66.7m)とされましたが，実際には避雷針を含まないで52mということです。中には日本で最初の電動「エレベートル」が設置され，8階まで1分で上昇しました。そして世界各国の物産が展示販売されていました。12階の展望台には望遠鏡が備えられ，遠く関東一円を望むことができたそうです。実際の経営は苦しかったようですが，見た目の偉容から浅草のシンボルとなりました。ただし関東大震災では，真中から折れて崩壊し，ついに再建されませんでした。

❷凌雲閣の真下に見えるのが「十二階演芸場」です。浅草からは現代に至るまで多くの芸人が育ちました。古くはエノケン，古川ロッパ，伴淳三郎から，渥美清，萩本欽一，ビートたけしらがよく知られています。

東京スカイツリーにほど近い浅草は，明治の末期から大正・昭和中期にかけて，大衆的娯楽の中心地として繁栄しました。その起源は天保の改革まで遡ります。老中水野忠邦は風紀を取り締まるために，庶民の娯楽であった芝居小屋を浅草に移転させ，一帯は「猿若町」と呼ばれていました。移転当初は規制が厳しく，また江戸の中心から少し離れたこともあって寂れていたのですが，忠邦の失脚後は歓楽街に発展していきました。

もともとそのような土地柄でしたから，1873年（明治6年）の太政官布告により浅草寺境内が「浅草公園」となると，浅草寺に近いという立地も相俟って，新たに掘られた瓢箪池周辺を中心に歓楽街が形成されました。大正時代には映画館や芝居小屋が二十数軒も立ち並び，「娯楽の聖地」とさえ呼ばれました。しかし路地裏に一歩踏み込むと，表向きは様々な看板を掲げながらも，夜には早変わりする風俗店も数百軒を数え，よくも悪くも東京一の歓楽街でした。

この絵図は1921年（大正10）に発行された石版画で，実景が忠実に描かれています。

❸「十二階演芸場」の左は「浅草国技館」だった建物で，この絵図の頃には活動写真館の「遊楽館」になっています。浅草国技館は東京駅の設計者として知られる辰野金吾と葛西萬司の設計で，1911年（明治44）に竣工しました。イスラム風のドームが特徴で，20人乗りのエレベーターを備えた大建築でした。白と赤褐色の色づかいは，東京駅に見られる辰野様式です。相撲が興行されたことは極めて少なく，経営不振から程なく買収されてしまいました。

❹「浅草国技館」の左には玉乗りの曲芸で知られた江川座の「大盛館」があり，噴水の吹き出し口のすぐ右の幟に「江川」の文字がわずかに見えています。

❺画面の左端にあるのは3階建ての洋風な活動写真館の「キネマ倶楽部」です。

❻凌雲閣の手前には「瓢箪池」と呼ばれた池が掘られています。この一帯はもともと浅草寺の寺領でしたが，明治初年に太政官布告によって浅草公園となり，事実上没収されていました。浅草寺では寺領の返還を求めて提訴し，1911年（明治44）には勝訴していたのですが，東京市が公園指定の解除を拒んだため，さらに提訴して1951年（昭和26）に勝訴しました。その結果，寺は池を埋め立て売却し，その費用で1958年（昭和33）に本堂を落成させたのでした。池の跡地にはお決まりのように娯楽施設や場外馬券売場が建てられました。浅草の栄枯盛衰の陰には，なかなか難しい問題があったようです。

❼上空には大正期に登場した飛行機や飛行船が描かれています。飛行船は日本では，1911年（明治44）に東京上空一周飛行に成功。飛行機も同年に，フランス製複葉機を参考にして試作され，国産機として初飛行に成功しました。飛行船はその経済性や利便性のなさからあまり発達はしませんでしたが，飛行船と飛行機は「大正新時代」をあらわす乗物として，大正期の絵図にはしばしば描かれました。

❽池の畔には，祖父と娘と孫らしき家族が描かれています。特に「大正」を感じさせるのは女性が積極的に外出していることでしょう。年上の女孫は海老茶色の袴をはき，革靴を履いています。このファッションは現在でも女子大学生の卒業式によく見られますね。そもそも袴は男性専用でしたが，着物では椅子に座ると裾が乱れるという理由から，女学生が着用するようになり，明治30年代には定着しました。初めは抵抗があったようですが，華族女学校（のちの学習院女子部）や女子高等師範学校（のちのお茶の水女子大学）が採用したことから流行したものです。その色については，華族の女学生は高貴な色とされた紫色の袴を身に着けていたため，畏れ多いとして紫を遠慮し，海老茶色の袴をはいたとされています。そして女学生は紫式部をもじって「海老茶式部」と呼ばれました。大正時代には編み上げの革靴が見えるように海老茶色の女袴を短くはき，髪を高く結って大きなリボンを着けるのが「ハイカラ」な女学生ファッションとして定着するようになったわけです。

浅草についてさらに説明しましょう

この絵図ではよく見えませんが，池の奥には日本最古の遊園地である「浅草花やしき」があります。もとは江戸末期につくられた茶人好みの植物園でしたが，大正期には動物を展示したり遊戯機器が置かれ，遊園地になっていました。関東大震災では多くの被災者が浅草花やしきに避難してきたため，ライオンなどの猛獣が薬殺されたことがありました。また1953年（昭和28）には日本で最初のジェットコースターも設けられました。面積は狭いのですが，現在も昭和レトロな遊園地として営業しています。

Question 46

大正時代
20世紀

関東大震災によって
どのくらいの被害が出たの?

～関東大震災～（『日本橋より魚河岸及三越呉服店附近延焼』より）

現在でも「防災の日」として様々な場所で避難訓練が行われる9月1日ですが，これは関東大震災にちなみます。実際にどのような被害が出たのか，震災直後に出版された石版画で見てみましょう。

❶この場面は日本橋の南詰めから神田方面を臨んで描かれたもので，迫り来る火災から逃れようと，もてる限りの家財道具を抱える人々の混乱ぶりが描かれています。

❷日本橋川を下ればすぐに隅田川に出るため，日本橋の周辺は舟運の便がよく，日本橋より下流の左岸一帯は，江戸時代以来日本橋魚市場として繁栄していました。この絵図でも，舟に家財を積み込んで避難する人たちがたくさん描かれています。

❸日本橋界隈には大きな蔵をもつ商家や問屋が多く，日本橋川に沿った河岸には白壁の土蔵が立ち並び，江戸時代から「小網町河岸三十六蔵」といわれた美しい景観を保っていました。しかし火災に強いはずの土蔵も燃えています。

❹1911年（明治44）に架けられた2連アーチの日本橋は，石造りのことだけあって現在もなお健在です。ただ1963年（昭和38）橋の上を覆うように首都高速道路がつくられ，景観を台無しにしてしまいました。

1923年（大正12）9月1日の正午直前に発生した関東大地震により，神奈川県と東京府を中心に，甚大な被害が発生しました。

　東京市では地震によって134カ所から火災が発生し，そのうち57カ所は消し止められました。しかし77カ所から延焼し，すべて鎮火したのが3日の午前10時ですから，46時間燃え続けたことになります。この絵図は日本橋近辺の様子が描かれた石版画ですが，前述のように日本橋近辺では木造家屋の倒壊率が1％未満であったにもかかわらず，日本橋区の焼失率はほぼ100％でした。地震発生がちょうど昼食時であったことや，木造家屋が多かったことなど現代と当時では事情が異なりますが，地震に際しては火災がどれ程大きな被害に繋がるかを如実にあらわしています。

❺ 日本橋の魚河岸については，明治の中期から移転問題が浮上していました。代々魚河岸に利権をもつ資産家は移転に反対し，市場内に利権をもたない新興問屋と対立をしていました。しかし震災で壊滅的被害を受け，築地の海軍省所有地に魚市場が開設されました。

❻ 左上の奥に見えている高層のビルが三越呉服店です。店名が正式に「三越」となるのは1928年（昭和3）のことですから，震災当時はまだ「呉服店」という三井の原点となる店名を称していました。ドームの最上部には，社章の旗が見えます。建築されたのは1914年（大正3）で，地震そのものによる被害はありませんでした。しかしその日の夜に付近で発生した火事により類焼し，大きな被害を受けました。それでも仮修復により，翌月には営業を再開しています。その後1927（昭和2）に大改修が行われ，さらに1937（昭和12）年に増改築が行われ，現在にいたっています。2016年（平成28）には重要文化財に指定されました。

❼ 三越呉服店の手前に見える煉瓦造りのビルは，消防ホースで知られた帝国製麻株式会社の本店です。鉄骨煉瓦造と帯状の白い花崗岩による独特の外観は東京駅に似ていますが，それもそのはず，東京駅の設計者として知られる辰野金吾による設計です。震災の火災で一部損傷はしましたが，「辰野堅固」と称された設計者によるだけあって，その後も本社ビルとして使用され，日本橋の上に高速道路がつくられるまでは，日本橋川に赤煉瓦の色が映えて，美しい都市景観を構成していました。そして1964年（昭和39）に大栄不動産の本社となり，1987年（昭和62）には惜しまれつつ取り壊され，現在は同社の新築の本社ビルにかわっています。なお帝国製麻は現在は帝国繊維と改称され，今もなお消防設備専門の企業として続いています。

『日本橋より魚河岸及三越呉服店附近延焼』についてさらに説明しましょう

　『国史大辞典』の資料によれば，関東大震災による死者・行方不明の合計は14万2807人，うち東京府で10万7519人，神奈川県で3万3067人，その他の県で2221人に及び，東京と横浜ではそれぞれ全戸数の70％・60％が焼失したということです。また家屋の倒壊は震源に近い神奈川県に多く，東京府では地盤の緩い下町に多かったのですが，木造家屋の全壊率は本所区の13パーセントが最高で，日本橋，京橋，四谷，麹町，本郷，小石川の各区では1％に満たなかったということです。

　この絵図は1923年（大正12）9月30日に発行された「帝都大震災画報」の中の1枚で，「日本橋より魚河岸及三越呉服店附近延焼」と題する石版画です。発行者の住所は浅草ですが，自身も被害を受けたと思われるのに，早くもこのような絵図を発行していることについては，当時はこのような石版画や絵葉書が，事件の状況を報道する手段として活用されていたからでしょう。

　このシリーズの他にも多くの震災画報が発行され，画家や新聞記者が大活躍したものです。画家にジャーナリストとしての自覚があったことは，デジタルカメラの普及している現代とは大いに異なっています。

Question 47 昭和時代 20世紀

戦前の日本でも選挙戦をしていたの？
～選挙スローガン～（立憲政友会・立憲民政党選挙びらより）

1925年（大正14）に男子普通選挙が実現すると，日本の人口のおよそ2割が有権者となり，選挙も大衆を意識したものになっていきました。資料から，当時の政党もキャッチコピーに工夫をこらしていたことが読み取れます。

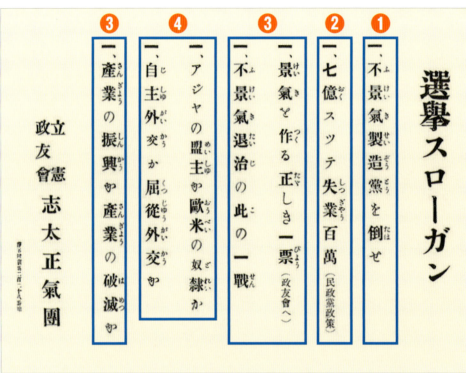

選擧スローガン

① 一、不景氣製造黨を倒せ
② 一、七億スツテ失業百萬（民政黨政策）
③ 一、景氣と作る正しき一票（政友會へ）
③ 一、不景氣退治の此の一戰
④ 一、アジヤの盟主か歐米の奴隷か
　　 一、自主外交か屈從外交か
　　 一、產業の振興か產業の破滅か

立憲政友會 志太正氣團

◎ 犬養か弗買か
⑤ 上る物價に下る臣節
　 道樂息子の政友會
　 後の始末は民政黨
　 弗を買つて國を賣る
　 弗買の味方は國民の敵
⑤ 變節の犬養、建設の若槻
　 實行の民政、宣傳の政友
　 破壞の政友、建設の民政
　 整理の民政、借金の政友
　 眞面目の民政、不眞面目の政友

立憲民政黨
東京市芝區新櫻田町二七

大正〜昭和初期の議会の二大政党である，立憲政友会（政友会）と立憲民政党（民政党）の政策は，正反対の性格をもっています。親軍的な政友会は，保守的，対中国強硬外交，インフレを容認する積極財政をとります。それに対して民政党は，自由主義的，対中国不干渉，対欧米協調外交，デフレを容認する緊縮財政をとります。このように正反対の政党が交互に政権を担当したのですから，言論による批判合戦もつい過激になりがちでした。また普通選挙制となったため，有権者数が急増し，あらゆる情報手段を用いて政策の浸透を図ろうと，批判合戦は両党ともに過熱したわけです。

そのような対立が顕著に表れるのが選挙のスローガンです。ここに載せた選挙のびらは，1932年（昭和7）2月に行われた第18回衆議院総選挙の時のものです。与党は政友会なのですが，衆議院第一党はまだ民政党でした。当時は第一党が組閣した内閣が総辞職に追い込まれると，第二党が与党となって組閣するという慣習があり，「憲政の常道」と称されていました。ですから第二党が与党となることもあったのです。

❶ まずは政友会の選挙びらから見てみましょう。民政党を「不景気製造党」と断罪していますが，不景気自体は事実ですから，痛いところを突いています。

❷ 「7億スッテ」とは，金解禁政策により海外に流出した正貨（金貨）の総額をあらわしています。初めは金解禁が近いと見た銀行や投機筋は，大量の円買い・ドル売りをしたのですが，いざ解禁されると円が14％以上切り上げられ，一転して円売り・ドル買いに走りました。それに追い打ちをかけるように，イギリスが金輸出を禁止して金本位制から離脱すると，大手銀行や投機筋は再禁止による円の暴落を見込んで一斉にドル買いに殺到したため，最終的には解禁以来，約7億円の正貨が海外に流出したことを意味しています。

❸ 「景気を作る」「不景気退治」「産業の振興」は，政友会内閣の高橋是清蔵相が，低為替（円安）・低金利・財政支出拡大の積極政策をとったことにより，景気が回復しつつあることを意味しています。

❹ 政友会の民政党非難は外交問題にも及びます。民政党は幣原喜重郎外相により，満州事変の不拡大と欧米との協調を図りますが，それを「欧米の奴隷」「屈従外交」と呼び，満州事変の拡大を支持する政友会は，「自主外交」により「アジヤの盟主」となると宣伝しています。

❺ 一方，民政党のびらは，不景気を招いたばかりですから具体的な主張をしづらく，政友会の主張を逆手にとり，反対語を対にした言葉の遊戯に陥っています。「上る物価」は積極財政による反デフレによるもの。「変節の犬養」は立憲改進党から憲政本党の流れを汲み，非自由党・非憲政・非政友会の立場だったはずの犬養毅が，今は政友会総裁となっていることを痛烈に非難しているわけです。

昭和初期の政局についてさらに説明しましょう

昭和初期に，立憲民政党（民政党）と立憲政友会（政友会）が交替で政権を担い，政党政治が続いた時期がありました。1927年（昭和2）4月，政友会の田中義一内閣が成立しましたが，総裁の田中義一は元陸軍大将ですから，非常に親軍的でした。田中内閣は山東省に出兵したり張作霖爆殺事件を防ぐことができず，「強硬外交」と呼ばれる対中国積極政策を推進しました。また三・一五事件や四・一六事件で共産党を弾圧したり，治安維持法改定で最高刑を死刑とするなど，左翼運動を弾圧しました。

次いで同年7月に成立した民政党の浜口雄幸内閣は，懸案であった金輸出解禁（金解禁）を断行しましたが，世界恐慌とデフレ政策があいまって，著しい不景気となりました。また補助艦を制限するロンドン海軍軍縮条約に調印して統帥権干犯問題を引き起こしました。そして浜口に替わった民政党の第二次若槻内閣の時には柳条湖事件が起き，それを契機とした満州事変を収拾することができず，総辞職に追い込まれました。次いで1931年（昭和6）12月には政友会の犬養毅内閣が成立し，金輸出は再禁止となり，積極財政政策が展開されて不景気は収束。満州事変は拡大し，翌年3月には「満州国」の建国が宣言されました。

この時の与党は政友会ですが，民政党も第一党として負けられません。第二次若槻内閣が総辞職に追い込まれたのは，総選挙の敗北ではないからなおさらです。政友会も，浜口内閣の時の第17回衆議院総選挙で大敗していましたから，ここぞとばかり民政党の政策を非難します。

このびらが使われた第18回衆議院総選挙の結果は，議員定数466人中，政友会は171人から301人へと大幅に議席を増やしたのに対して，民政党は247人から146人へと激減しました。そしてこの選挙戦の最中に金解禁を推進した前蔵相の井上準之助が射殺され，投票の2週間後にはドル買いで批判された三井財閥理事長団琢磨が射殺される血盟団事件が起きました。さらに2カ月後の五・一五事件で犬養毅首相が射殺され，1936年（昭和11）の二・二六事件では蔵相の高橋是清が射殺されることになります。浜口雄幸首相は，すでに在任中の1930年（昭和5）に狙撃され，それが原因で，翌年に没していました。

蛇足ですが，「ビラ」と片仮名で表記されることが多いのですが，正真正銘の日本語です。ただ英語の張り紙を意味するbillと発音が似ているため混同され，英語起源説が唱えられたりして，片仮名で書かれることが多くなっただけです。

Question 48 ベルリン・オリンピックはどのような大会だったの？
～ベルリン・オリンピック～

昭和時代 20世紀

1936年に開催されたベルリン・オリンピックは戦前最後のオリンピックです。当時の日本はちょうどラジオが普及してきたころで，オリンピックの実況中継により，日本中の人々がリアルタイムで熱狂しました。

❶水泳の表彰台で頭を垂れているのが前畑秀子，ナチス式の敬礼をしているのがドイツのゲネンゲルです。

　日本選手の活躍の中で最もよく知られているのは，前畑秀子の水泳女子200m平泳ぎの優勝でしょう。前畑はその4年前の第10回大会ロサンゼルス・オリンピックの200m平泳ぎでは，0.1秒差で銀メダルとなっていましたから，国民的期待を背負っての参加でした。決勝戦では地元ドイツのマルタ・ゲネンゲルと熱戦を繰り広げ，僅差で優勝したのですが，ラジオ中継したNHKの河西三省アナウンサーは，興奮のあまり「前畑ガンバレ」と連呼して絶叫。勝利が決まった直後も「勝った勝った」とこれまた20回程絶叫して，日本人を熱狂させました。

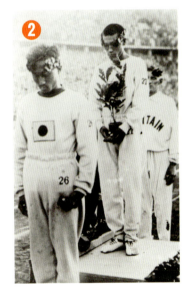

❷マラソンの表彰台では，中央が孫基禎，手前が南昇龍で，いずれも胸に日の丸の国旗を着けて，月桂冠を被っています。

　マラソンでは孫基禎（ソン・ギジョン）が2時間29分19秒の世界新記録で優勝，南昇龍（ナム・スンヨン）が3位となりました。2人は韓国出身でしたが，韓国併合により日本選手として出場したわけです。しかし表彰台での複雑な感情を，彼はのちに自伝『ああ月桂冠に涙』で，「優勝の表彰台で，ポールにはためく日章旗をながめながら君が代を耳にすることは，たえられない屈辱であった」と述べています。そして案の定，朝鮮の新聞「東亜日報」が，表彰台の孫基禎の胸の日の丸を削除して掲載したため，朝鮮総督府が発刊停止処分とする事件に発展したのでした。また孫基禎自身も朝鮮総督府から危険人物とみなされ，厳しい監視と束縛を受けました。2人はその後明治大学に入学しますが，孫基禎は走ることさえ禁止されたそうです。一方，南昇龍は箱根駅伝で活躍しています。ただ孫基禎は76歳の1988年（昭和63）9月，ソウル・オリンピックの開会式の最終聖火ランナーとしてスタジアムを走りました。彼はベルリンでの優勝より嬉しかったと語っています。

❸棒高跳びの表彰台では，手前が西田修平，奥が大江季雄（おおえすえお）です。

　棒高跳びでは西田修平と大江季雄が4m25cmを跳びました。しかし正午に競技を始めてすでに10時間が経過，体力も限界に達し，順位決定戦は辞退しました。そして従来の規定では2人とも2位なのですが，試技の回数で差をつける新しい規定により，1回目でこえた西田が2位，2回目でこえた大江が3位になったのです。そして翌日の表彰式で，「日本人の顔なんぞ誰かもわからないんだから」と，西田は後輩の大江を2位として表彰台に立たせたのです。そして後日2人は銀と銅のメダルを半分に切ってつなぎ合わせ，それぞれに保管していました。ところが1964年の東京オリンピック後のこと，これが美談として新聞に報道されると，「友情のメダル」と題して国語の教科書や道徳の副読本に載り，一躍有名になりました。

1916年に予定されていたベルリン・オリンピックは，第一次世界大戦によって中止となりました。しかし第11回オリンピックの開催地投票において，ベルリンがスペインのバルセロナを大差で破り，1936年に再び開催されることになりました。ナチスによるユダヤ人迫害を理由にボイコット運動も起きましたが，ヒトラー政権は期間中は巧妙に人種差別政策を隠し，国威昂揚と人種的優越性を宣伝する絶好の機会として，オリンピックを利用したのでした。聖火リレーが初めて行われたのもこのオリンピックからです。

　1936年（昭和11）8月，ベルリン・オリンピックが開催され，前回を上回る49カ国が参加し，日本からも179人の大選手団が参加しました。そして日本選手の大活躍により，金6，銀4，銅8のメダル，合計では前回のロサンゼルス大会と同じ18のメダルを獲得したのでした。

❹まさに障害を跳び越えるのは西竹一大尉，馬はアスコット。彼はすでにロサンゼルス・オリンピックでウラヌスを駆って，オリンピックの最後を飾る馬術大障害飛越競技で優勝し，「バロン（男爵）西」と呼ばれて，アメリカの社交界でも有名人でした。しかしベルリン大会では総合馬術個人12位，障害飛越個人20位に終わりました。彼はその後騎兵から戦車兵に転科し，戦車第26連隊の連隊長として硫黄島の戦いで戦死しましたが，その懐には，愛馬ウラヌスの鬣が収められていました。

❺ヒトラーが子供と勘違いしたという稲田悦子の妙技は，世界のフィギュアスケートで大活躍する日本勢の原点です。夏のオリンピックと同じ年の2月，ドイツで行われた第4回冬季オリンピックには，わずか12歳の稲田悦子がフィギュアスケートに出場しています。成績は26人中10位でしたが，身長127cmのまだ幼さの残るその姿は，ドイツでも注目されました。ヒトラーが「あの子は何しに来たのか」と尋ね，わざわざ握手をしに来たという逸話があります。その後彼女は日本のフィギアスケートの指導者として活躍します。

❺肩を組んでいるのは，左が三段跳びで優勝した田島直人と，右が準優勝の原田正夫。三段跳びでは日本の織田幹雄が1928年のアムステルダム大会で優勝し，南部忠平が1932年のロサンゼルス大会で優勝，日本のお家芸といわれていました。そして期待に違わず，ベルリン大会では田島直人が16m00の世界記録で優勝してオリンピック3連覇。原田正夫も準優勝となりました。田島はドイツ語を流暢に話すことができる秀才でした。

ベルリン・オリンピックのついてさらに説明しましょう

　ベルリン・オリンピックの閉会式は「また4年後に東京で再会しよう」という言葉で締めくくられたにもかかわらず，翌年の7月には盧溝橋事件以来の日中戦争が始まり，日本は東京オリンピック開催を返上せざるを得ませんでした。東京で実際にオリンピックが開催されるのは，1964年（昭和39）10月のことです。

Question 49 昭和時代 20世紀

戦時中は買える衣服の量に制限があったの？
～衣料切符～

軍需物資というと金属やゴムなどを連想しますが，兵器の手入れや医療品，軍服などに使う布も必需品でした。そのため，繊維産業もいち早く統制下におかれました。実際に使われた衣料切符を見てみましょう。

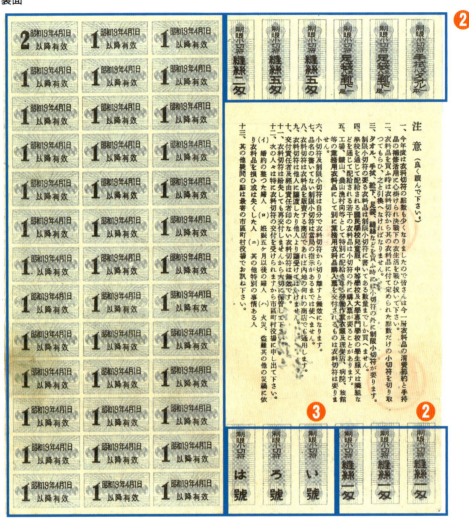

裏面

❶ 主な衣料品の点数は次の如くです。袷（下着・襦袢・丹前を含む）48，帯30〜8，袴24，背広三揃50，国民服・学生服上下32，婦人ワンピース15，婦人ツーピース27，スカート12，ブラウス8，男子・女児学童服上下各17，子供服5，労働作業衣上下24，割烹着8，モンペ10，長袖シャツ・長袖Yシャツ12，半袖シャツ6，長ズボン下12，スウェーター20，パンツ・褌4，ズロース・ブルマー4，腹巻6，手袋5，ネクタイ1，足袋・靴下2，ハンカチーフ1，柔道着上下6，敷布10，風呂敷24〜4，手拭・浴用タオル3，縫糸10匁1，手編糸（毛糸）1オンス2などがあります。ためしに紳士の服装を下着から上着まで一通り揃えて合計すると，軽く90点はこえてしまい，ほぼ1年分を消化してしまいます。

❷ ネル・晒・手拭・タオル・足袋・靴下などの必需品については，通常の切符の他に「制限小切符」が必要で，点数さえあればいくらでも購入できるというわけではありませんでした。一人が1年間に買える数量は，例えば晒なら1丈，手拭やタオルなら2本，足袋や靴下なら都市部では6足，郡部なら4足と，上限が決まっていたのです。制限小切符は手拭かタオル，足袋か靴下，縫糸の4種しかありませんが，乳児がいる場合は特殊切符が発行され，晒やネルが加わりました。

❸ 品名の書いていない「い」から「は」の制限小切符は，当局の指示があるまで使えないことになっていますから，事実上ないのと同じだったでしょう。

1937年（昭和12）に日中戦争が始まると，軍需物資の優先的確保のために生活物資が不足するようになり，価格や配給の統制が行われるようになりました。翌年には綿製品にはパルプを原料とする人造繊維のステープル・ファイバー，通称「スフ」を3割以上も混用することが強制され，綿100％の一般的綿製品はなくなってしまいました。スフはもともとがパルプですから水や摩擦に弱く，耐用年数は短いものでした。そして1942年（昭和17）2月からは「繊維製品配給統制規則」により，衣料品の総合切符制が実施されるにいたりました。

　すべての衣料品は，繊維原料ストックや供給予想などをもとに生産供給可能量を計算し，これを人口で割って一人あたりの消費可能量を出し，それに基づいて点数化されました。しかし現実には机上の計算通りにはならず，配布する前から切符の一部が切り取られていることもありました。

表面

❹ここに掲載された切符は1944年（昭和19）に点数が削減されたもので，記名から使用者は38歳とわかりますから，40点満点の切符です。有効期間は1944年（昭和19）4月1日から1946年（昭和21）3月31日までの2年間となっています。有効期間が2年に延長されたのは1942年（昭和17）2月からで，「計画的な使用」を促すという理由でしたが，「使わなければ損をする」という心理を抑制する狙いもありました。

　小切符は自分で切り離すと無効になりますが，この切符は記名されていても全く切り離されていません。しかも住所の京橋区は空襲されていますから，未使用の状態で残ったことには，何かわけがあるかもしれません。

衣料切符についてさらに説明しましょう

　衣料の統制を統轄したのは商工省でした。まず中央の統制会社が各府県の品種別配給会社に物品を送り，さらに小売商組合を経て小売商に流され，消費者が各品目相当の点数の切符と引き替えに，現金で購入するという仕組みがつくられました。適用範囲はいわゆる「内地」だけで，樺太・台湾・朝鮮は含まれません。切符には甲・乙の2種があり，甲は郡部で，一人あたり一律80点，乙は都市部（市制施行地と東京・大阪・横浜・神戸・名古屋の隣接町村）で，100点となっていました。切符の有効期間は1年間で，年齢・性別・職業の区別はなく，町会や隣組を通して，商工大臣（商工相は岸信介）の発行する衣料切符が配られました。

　ただでさえ少ない点数ですから，制限いっぱいまで使ったと思われそうですが，実際にはそうではありませんでした。当時の『毎日年鑑』によれば，1942年度（昭和17）における全国の平均切符消費量は71％だったそうです。その理由は，衣料品に支出するより，食糧品への支出が優先し，着るものは何とかやりくりをして消費しなかったからでしょう。またただでさえ少ないのに，大政翼賛会が中心となり，前線に物資を送るためと称して，衣料切符献納運動が行われたことも影響していると思われます。

　このような衣料切符制は，深刻な物資不足からさらに強化されることになります。1943年（昭和18）には点数が平均しく25％も引き上げられ，その後さらに引き上げられています。また1944年（昭和19）には一人あたりの点数が削減された衣料切符が発行され，数え年29歳以下には50点，30歳以上には40点となってしまいました。また制限小切符品や肌着類24品目は隣組を通じて配給されるようになったのですが，数が少ないために抽籤によらざるを得ないところまであったそうです。

　戦争が終わったからといって，衣料の供給が増えたわけではありません。むしろ戦争末期の空襲では，文字通り着の身着のままで焼け出されたわけですから，取り敢えず着ていたもの以外はすべて失った人も多くいました。そのため衣料切符制は戦後も行われ，衣料品の供給事情が多少はよくなる1950年（昭和25）まで続きました。

Question 50

真珠湾攻撃はどのようにして行われたの？

～真珠湾攻撃～（雑誌『キング』附録，古島松之助画より）

昭和時代 20世紀

太平洋戦争の端緒の一つである真珠湾攻撃は，空母部隊の航空機により行われました。空母が海軍の主力となったのは第二次世界大戦からで，当時としては先進的な攻撃でした。その頃の絵画から空襲の様子を見てみましょう。

❶ 本来ならば真珠湾に碇泊しているはずの2隻の航空母艦は，日本軍の攻撃を予想して，ウェーキ島やミッドウェー島に戦闘機を輸送する任務に就いていたため，全く被害を受けていません。

❷ 島の両側には主力艦が碇泊しています。画面奥の魚雷が命中して最も高い水柱が上がっているのは戦艦オクラホマで，爆発の衝撃で発生した波が同心円状に広がっています。またその時の魚雷の潜行した痕跡も，まだ白く線を引いて残っています。その後方の最後尾から手前側2隻目が戦艦アリゾナで，現在は沈没した艦上に記念館が建てられています。

1941年（昭和16）11月，日米開戦を回避するための行き詰まる日米交渉が続く最中の11月26日，南雲忠一中将が指揮する日本海軍機動部隊は，オアフ島真珠湾に向けて，択捉島の単冠湾から密かに出撃していました。そして同日，12月8日に開戦することを意味する「ニイタカヤマノボレ1208」の暗号電報が発せられました。それは奇しくも，アメリカの対日最後通牒ともいうべき「ハル・ノート」が日本側に手交されたのと同日でした。ちなみに，日米交渉が妥結して帰還を命じる暗号は，「ツクバヤマハレ」というものでした。

　運命の12月8日，日本時間午前3時19分，ハワイの現地時間では7日の午前7時49分，ワシントン時間午後1時25分，6隻の航空母艦から飛び立った183機の第1次攻撃隊が，真珠湾に集結していたアメリカ太平洋艦隊と地上基地に対して攻撃を開始しました。日本側の宣戦通告はワシントン時間7日午後1時に手交するはずでしたが，翻訳に手間取り，実際にハル国務長官に手交されたのは午後2時20分で，攻撃開始より55分後のことでした。そしてこれが，「Remember Pearl Harbor」の合言葉のもとに，アメリカ国民の日本に対する敵愾心を煽る結果になったのです。

❸ 画面中央の島がフォード島で，飛行場が見えます。

❹ 図の右端で炎上しているのは，飛行艇の基地です。

❺ 飛行場の赤い屋根の格納庫（？）の手前には，戦闘機が並んでいますが，これは機銃掃射によって大きな損害を受けました。

❻ 画面の右奥の巨大な石油タンク群は爆撃されませんでした。このことについて，日本軍は戦術を重視するあまり，戦略を軽視しがちであったということがよく指摘されます。確かに石油タンク群に大きな被害が出れば，当面の軍艦運用に支障をきたしたでしょうが，アメリカは産油国であり，回復は時間の問題であったと思われます。

❼ 島の南島には石油タンク群や，クレーンのある造船施設が見えますが，ほとんど攻撃されていません。

真珠湾攻撃についてさらに説明しましょう

　もし日米決戦となれば，ハワイの真珠湾を攻撃する必要があるとして，その作戦概要が連合艦隊司令長官山本五十六に提出されたのは，1941年（昭和16）3月のことでした。真珠湾攻撃が立案されると，各空母の航空隊は，鹿児島の錦江湾で激しい訓練を積み重ねました。それは湾が山に囲まれ，中央部にはフォード島があり，湾岸には市街地が広がる真珠湾の地形が，鹿児島市街と桜島のある錦江湾に似ているためでした。真珠湾の海は深さわずかに12m。山の合間を縫い市街地をかすめて湾に侵入し，すぐに海面すれすれの高度で魚雷を発射して離脱する猛訓練が行われました。しかし海面上十数mの高さで侵入してくる雷撃機に，漁民や市民は腰を抜かさんばかりに驚いたことでしょう。図でも明らかなように真珠湾の海の幅はせいぜい500mしかなく，曲芸飛行に近い技量が要求されました。もちろん訓練に参加していた一般の航空隊員は，近く大作戦に参加しそうだとは思っても，それが真珠湾とは全く知らされていませんでした。

　日本側が効果的な奇襲を意図したことは事実ですが，日本側の外務省暗号電報を傍受解読していた米国政府首脳部は，日本海軍の真珠湾攻撃をすでに予知しており，しかもハワイの現地指揮官にはそれを意図的に通告しませんでした。真珠湾のアメリカ軍にとっては奇襲でしたが，ルーズベルト大統領にとっては筋書きどおりでした。彼はアメリカ軍の大きな犠牲と引き替えに，対日参戦の口実と国民的支持を得たのでした。のちにハワイの太平洋艦隊司令長官キンメル海軍大将とショート陸軍中将は，甚大な損害を被ったことの責任を問われ，軍法会議の結果降格・罷免されましたが，日本の作戦を意図的に連絡しなかったことがのちに明らかとなり，1999年（平成11），アメリカ議会は2人の名誉回復を決議しています。

　アメリカ海軍の被害について，大本営海軍報道部は，米戦艦5隻撃沈・3隻大破修理不能と発表しました。しかし沈没した8隻のうち6隻は引き揚げ修理されて戦列に復帰しています。沈没といっても底の浅い真珠湾であるから着底なのですが，アメリカのすさまじい工業力の勝利です。結局，太平洋戦争中，アメリカ海軍が失った戦艦は，この時のアリゾナとオクラホマの2隻のみでした。

　なお，この図は，1942年（昭和17）3月，大日本雄弁会講談社が雑誌『キング』の附録として発行したものです。

Question 51 アメリカの人々は原爆投下をどのように考えているの？
～原爆切手～

平成時代 20世紀

2016年5月にアメリカ合衆国のバラク=オバマ大統領が，現職の大統領として初めて広島を訪問しました。大統領の広島訪問が難しかった背景には，日米両国の核兵器に対する考えの違いがあります。それにまつわる資料を紹介します。

❶

❶これは原爆切手の発行計画が破棄され，切手から民間発行のシールに変更されたあとのものです。原画の下部に記されていた文は一部改められ，"Atomic bombs end of WW Ⅱ"と変更され，"August 1945"はシールの左中程に位置が移動されています。しかし「原爆が戦争終結を早めた」が「原爆が第二次世界大戦を終わらせた」となっただけで，歴史認識は基本的には何も変わってはいません。しかも御丁寧にも原爆を投下して飛び去る爆撃機まで描き加えられているのです。しかし切手ではなくなりましたから，額面は表記されていません。

❷この図のキノコ雲は，広島に投下された原爆の写真をもとに描かれています。

❸広島に原爆を投下したB-29爆撃機は，機長の母親の名前をとって「エノラ・ゲイ」と呼ばれていました。12人の搭乗員で最後の生存者となった元将校は，ロシアテレビのインタビューで「核兵器は日本侵攻より，全体として（日米双方の）犠牲者は少なくてすんだはずだ」と答えています。

アメリカでは、1941年から毎年、50年前の十大事件を描いた切手シートが発行されていましたが、1994年（平成6）11月、アメリカ合衆国郵便公社は翌1995年9月に発行する、第二次世界大戦記念切手10枚のデザインを発表しました。50年前といえば第二次世界大戦が終結した1945年にあたります。その10枚の中に、原爆投下によるきのこ雲を描いた1枚があり、"Atomic bombs hasten the end of war, August 1945"という文言が入れられていました。これは「1945年8月、原爆が戦争終結を早めた」という意味です。

最終的に12月8日、切手のデザインが不適切であったとして、発行計画が破棄されましたが、アメリカ政府の決定に納得できない民間業者が、郵便切手としてではなく、シールとして売り出したのでした。その12月8日（現地時間では12月7日）は奇しくも真珠湾攻撃が行なわれた記念日でもありました。

原爆切手についてさらに説明しましょう

原爆切手のデザインを知った日本の新聞が、原爆投下を正当化するものであり、とうてい是認することはできないと批判的に報道すると、12月2日、村山内閣の河野洋平外相が「被爆国であるわが国の国民感情からいえば、決していい感じは持たない」と、そこまで遠慮しなくてもと思う程に抑制された不快感を表明。村山首相も同様に不快感を示し、外交ルートを通じてアメリカ政府に発行計画の変更を要請しました。そして日本側の反発はさらに高まり、大出俊郵政相などは12月6日の会見で、「アメリカがこんな切手を出すなら、対抗して原爆投下は国際法違反と書いた切手を発行したいところだ」とまで発言する始末。

しかし発行を取り消せば、退役軍人会・一部の国会議員や世論は猛反対するでしょう。「あの時点での原爆投下がなかったならば、日本本土上陸作戦が実行されたであろう。そうすればアメリカ軍将兵100万人の命が奪われていたであろうから、原爆投下はやむを得ないものであった」という主張は、アメリカにおける最も一般的な原爆理解でした。2009年の世論調査でも、アメリカ人の60％が原爆投下を支持しているという程の結果になるのですから、アメリカ政府もそう簡単に取り消すように圧力をかけるわけにもいきません。かといって日米関係にも配慮をしなければならず、アメリカ政府も困惑したことでしょう。結局は現地時間の12月7日、大統領報道官が「歴史的事実ではあるが、別の適切な表現方法があった」という趣旨の発言をしました。そしてアメリカ政府は、日米関係に配慮してアメリカ合衆国郵便公社に再考を要請すると、最終的に12月8日、切手のデザインが不適切であったとして、発行計画が破棄されたのです。そしてかわりに、日本降伏を発表するトルーマン大統領の肖像の切手に変更されたのでした。しかし破棄の理由はあくまでも「デザインの不適切」であって、原爆投下に対する歴史認識が不適切であると認めたわけではありませんでした。

原爆切手問題とほぼ時を同じくする1995年、アメリカの国立スミソニアン航空宇宙博物館では、第二次世界大戦終結50周年を記念して、広島に原爆を投下したB29爆撃機の「エノラ・ゲイ50周年記念特別展」を行うことを決めました。そしてこの特別展示には、原爆の惨状を物語る各種の資料が、広島と長崎の原爆資料館から貸し出されることになっていました。しかし悲惨さをアピールすることは、原爆投下の正当性と矛盾するものであるとして、世論の猛反対を受けました。アメリカ議会の下院議員が連名で博物館に送った「展示計画は日本を侵略者でなく、罪のない犠牲者として描こうとしており不適当」という書簡は、そのような世論を代弁するものでした。結局原爆展は、被害や歴史的背景には一切触れられず、事実上骨抜きにされて行われました。しかも一連の騒動の責任をとって、博物館長が辞職に追い込まれるというおまけ付きでした。

アメリカのニューメキシコ州は世界最初に原爆実験が行われたところで、市内の軍施設には「原子力博物館」が設置されています。そこにエノラゲイ乗務員の肖像画や広島に落とされた原爆「リトルボーイ」と長崎に落とされた原爆「ファットマン」や、各種の核兵器の実物大模型が置かれているのは、その博物館の特殊な性格や場所柄からして、まあ仕方がないところでもあります。しかし伝聞情報で未確認なのですが、売店では原爆Tシャツや原爆キャンデーなどの各種「原爆グッズ」が販売されているそうです。そしてこの原爆切手シールも並んでいるということです。

——————————付 録
本文をお楽しみいただくための参考資料

日本史年表
（世界史対照）　／114

日本史年表（世界史対照）

時代	西暦	年号	天皇		政治・経済・社会
旧石器時代					旧石器文化
縄文時代					縄文土器 狩猟・漁労・採集の生活　クリ・マメの栽培をおこなう
					北九州地方より，東北地方まで水稲耕作がひろまる
弥生時代	57				倭の奴国，後漢の光武帝より印綬を授かる
	107 147				倭国王帥升ら後漢に入貢 このころから倭国大いに乱れる
	239 243 248 266				卑弥呼の使い魏に行き，生口など贈る 卑弥呼，ふたたび魏に遣使 このころ卑弥呼没，径百余歩の冢をつくる 倭女王，西晋に遣使
	391				倭，高句麗と戦う
（古墳時代）	421 438 478		雄略		倭王讃，宋に朝貢 倭王讃没し，弟珍，宋に遣使 倭王武（雄略天皇），宋に遣使
	527 587 592 593		継体 用明 崇峻 推古	摂政 厩戸皇子	筑紫国造磐井，反乱をおこす 蘇我馬子，物部守屋を滅ぼす 蘇我馬子，崇峻天皇を殺害　推古天皇即位 厩戸皇子（聖徳太子），摂政となる
（飛鳥時代）	603 604 607 608 614 626 630 643 645 646 647 658 663 667 670 672 681 684 694	大化1 2 3	〃 〃 〃 〃 〃 〃 舒明 皇極 孝徳 〃 〃 斉明 天智 〃 〃 （弘文） 天武 〃 持統	〃 〃 〃 〃 〃 政権の担当者 中大兄皇子 〃 〃 〃	冠位十二階を制定 憲法十七条を制定 遣隋使小野妹子を派遣 隋より裴世清，妹子とともに来日 犬上御田鍬を隋に遣わす　御田鍬帰国（615） 馬子死去，子蝦夷大臣となる 犬上御田鍬を唐に遣わす（第1回遣唐使） 蘇我入鹿，山背大兄王を滅ぼす 蘇我氏滅ぶ　皇極天皇退位　孝徳天皇即位　難波宮に遷都 大化改新の詔発布 渟足柵を築く　磐舟柵を築く（648） 阿倍比羅夫，蝦夷を討つと伝える　有間皇子の変 日本軍，白村江の戦いで大敗 近江大津宮に遷都　一説に，近江令の制定（668？） 全国的に戸籍（庚午年籍）をつくる 壬申の乱　飛鳥浄御原宮に遷都 飛鳥浄御原令制定を命ず 八色の姓を制定 藤原京に遷都
奈良時代	701 708 710 711 722 723 724 729 740 741 743 744 757	大宝1 和銅1 〃3 〃4 養老6 〃7 神亀1 〃 〃 〃 〃 天平	文武 元明 〃 〃 元正 〃 聖武 〃 〃 〃 〃 〃 孝謙		大宝律令できる 和同開珎を鋳造 平城京に遷都 蓄銭叙位令を発布 百万町歩開墾の計画 三世一身の法 多賀城を築く 長屋王失脚　藤原光明子，皇后となる 藤原広嗣の乱　恭仁京に遷都 国分寺・国分尼寺建立の詔を発布 墾田永年私財法　大仏造立発願 難波宮に遷都　翌年，平城京に復す 橘奈良麻呂の乱　養老律令施行

西暦	文化	中国	朝鮮	世界の動向
		旧石器時代	旧石器時代	・旧石器文化 ・洞窟に絵画が描かれる
	縄文文化	新石器時代 殷 周	新石器時代	・メソポタミア・エジプト・インダス文明（前3000ころ）
	弥生文化おこる（前5世紀ころ） 青銅器・鉄器を使用する	春秋・戦国 秦　前漢		・前479ころに孔子，前483ころに釈迦死去 ・朝鮮に楽浪など4郡をおく（前108）
		新 後漢	楽浪郡	・キリスト刑死（30ころ） ・帝政ローマ，最大版図に達す（117） ・ガンダーラ美術栄える ・後漢滅ぶ（220） ・中国，三国の対立（220〜265）
	古墳文化がおこる	三国 （魏・呉・蜀漢） 西晋		・このころから朝鮮三国成立 ・楽浪郡，高句麗に滅ぼされる（313）
	江田船山古墳出土鉄刀銘文 （438？） 稲荷山古墳出土鉄剣銘（471？）	五胡十六国　東晋 北魏　宋 西魏 東魏　斉 北周 北斉　梁 陳	百済 新羅 高句麗	・南北朝時代（中国　440ころから） ・西ローマ帝国滅びる（476）
	隅田八幡神社人物画像鏡銘文 （443？）（503？）			・隋，中国を統一（589）
538	仏教，百済から公伝（一説に552）			・隋，均田制を施行する（592）
594	仏教興隆の詔			
601	『日本書紀』はこの年から1260年 前の辛酉の年を神武即位とする 飛鳥文化	隋		・東ローマ，ペルシャと戦う（603〜610）
607	このころ法隆寺建立			
	このころ『三経義疏』			・ムハンマド，イスラーム教を唱える（610） ・隋滅び，唐おこる（618）
620	厩戸皇子・蘇我馬子ら，『天皇記』 『国記』などをつくる			・ヒジュラ（聖遷）元年（622） ・玄奘，インドへ行く（629〜642）
645	初めて年号を定める 高向玄理・僧旻，国博士となる			
				・イスラーム文化が栄え始める
670	法隆寺火災			・百済滅びる（663） ・新羅，唐と連合として高句麗を滅ぼす（668） ・新羅，朝鮮半島統一（676）
	白鳳文化	唐		・唐の則天武后が実権を握る（690〜705）
	このころ法隆寺再建（708？）			
712	『古事記』		新羅	・唐，玄宗皇帝開元の治（712〜756） ・唐，募兵制を採用（722） ・トゥール-ポワティエ間の戦い（フランク，イスラーム軍を撃退）（732） ・イスラーム帝国成立（750） ・唐の紙工，イスラーム軍に捕えられ，製紙法を伝える（751ころ） ・安禄山・史思明の乱（唐　755〜763） ・後ウマイヤ朝建国（756）
713	『風土記』の選進を命ずる			
720	『日本書紀』			
730	薬師寺東塔・興福寺五重塔建立			
747	東大寺大仏鋳造始まる			
751	『懐風藻』			
754	唐僧鑑真，来日			
756	聖武天皇の遺品を東大寺に寄進 （正倉院の起源）			

時代	西暦	年号	天皇		政 治・経 済・社 会
奈良時代	764	天平宝字8	淳仁		恵美押勝（藤原仲麻呂）の乱
	765	天平神護1	称徳		道鏡，太政大臣禅師となる（翌年，法王）
	770	宝亀1	光仁		道鏡を流し，和気清麻呂を召還
	784	延暦3	桓武		長岡京に遷都
	792	11	〃		軍団を廃し，健児の制を定める
	794	13	〃		平安京に遷都
	801	延暦20	〃		坂上田村麻呂，蝦夷の平定に向かう
	802	21	〃		胆沢城を築く（志波城 803）
	810	弘仁1	嵯峨	摂政・関白	蔵人所を創設　薬子の変
	842	承和9	仁明		承和の変
	858	天安2	清和	藤原良房	藤原良房，摂政の職務を担当する
	866	貞観8	〃	〃	応天門の変　藤原良房摂政となる
	887	仁和3	宇多	藤原基経	藤原基経，関白となる
	894	寛平6	〃	〃	遣唐使を廃止
平安時代	901	延喜1	醍醐		菅原道真左遷される
	902	2	〃		荘園整理令発布
	927	延長5	〃		延喜式撰修
	935	承平5	朱雀	藤原忠平	平将門の乱おこる
	941	天慶4	〃	〃	藤原純友の乱終息
	969	安和2	冷泉	藤原実頼	安和の変
	988	永延2	一条	藤原兼家	尾張国郡司・百姓ら，藤原元命を訴える
	1016	長和5	後一条	藤原道長	藤原道長，摂政になる（翌年，太政大臣）
	1019	寛仁3	〃	藤原頼通	刀伊の入寇
	1028	長元1	〃	〃	平忠常の乱
	1045	寛徳2	後冷泉	〃	新立の荘園を禁ず
	1051	永承6	〃	〃	前九年合戦（〜62）
	1052	7	〃	〃	この年，末法に入るとされた
	1069	延久1	後三条	藤原教通	荘園の整理をおこなう（記録荘園券契所）
	1073	5	白河	〃	院蔵人所をおく
	1083	永保3	〃	藤原師実	後三年合戦（〜1087）
	1086	応徳3	堀河	〃	白河上皇，院政を始める
	1156	保元1	後白河	藤原忠通	保元の乱
	1159	平治1	二条	藤原基実	平治の乱
	1167	仁安2	六条	政権の担当者	平清盛，太政大臣となる
	1172	承安2	高倉	平清盛	清盛の娘徳子，中宮となる（のち建礼門院）
	1177	安元3	〃	〃	鹿ヶ谷事件（藤原師光ら処刑）
	1180	治承4	安徳	〃	以仁王・源頼政ら挙兵　源頼朝挙兵（石橋山の戦い）
				摂政・関白	源（木曽）義仲挙兵　侍所の設置
	1184	寿永3	〃	藤原基通	頼朝に平氏追討の院宣下る　一ノ谷の戦い
	元暦1	2	〃	〃	頼朝，公文所・問注所を設置
	1185	2	〃		平氏，壇ノ浦に滅びる
		文治1	後鳥羽		頼朝，諸国に守護・地頭をおく
	1189	文治5	〃	藤原兼実	源義経，衣川で敗死　奥州藤原氏滅ぶ（奥州合戦）
				将軍	
	1192	建久3	〃	源頼朝	頼朝，征夷大将軍となる
鎌倉時代	1203	建仁3	土御門	源頼家	比企能員の変　北条時政，執権となる
	1204	元久1	〃	源実朝	頼家，修禅寺で殺される
	1205	2	〃	〃	畠山重忠殺される　北条義時，執権となる
	1213	建保1	順徳	執権	和田義盛，挙兵するが敗死
	1219	承久1	〃	北条義時	源実朝暗殺
	1221	3	仲恭	〃	承久の乱　六波羅探題設置
	1223	貞応2	後堀河	〃	新補地頭をおく　大田文の作成
	1225	嘉禄1	〃	北条泰時	幕府，評定衆をおく
	1232	貞永1	四条	〃	御成敗式目（貞永式目）制定
	1249	建長1	後深草	北条時頼	幕府，引付衆をおく
	1274	文永11	後宇多	北条時宗	元の来襲（文永の役）
	1281	弘安4	〃	〃	元，再度来襲（弘安の役）
	1297	永仁5	伏見	北条貞時	徳政令を発布（永仁の徳政令）
	1324	正中1	後醍醐	北条高時	正中の変
	1331	元弘1	〃	北条守時	元弘の変
	1333	3	〃		鎌倉幕府滅びる　記録所・雑訴決断所・武者所をおく

西暦	文化	中国	朝鮮	世界の動向
759	唐招提寺金堂建立	唐	新羅	
788	最澄，比叡山に延暦寺を建立			
797	『続日本紀』			
805	最澄，天台宗を伝える			・イギリス王国の基開かる（829）
806	空海，真言宗を伝える			
815	『新撰姓氏録』撰進			・フランク王国三分，イタリア・ドイツ・フランス三国の基できる（843）
816	空海，金剛峯寺を開く			・ロシア（キエフ公国）おこる（882）
833	「令義解」を撰修			
	834ころ河内観心寺建立			
869	『続日本後紀』			
879	『日本文徳天皇実録』			
901	『日本三代実録』		高麗	・唐滅びる（907）
905	『古今和歌集』			・新羅滅びる（935）
909	醍醐寺薬師堂薬師三尊像			・高麗，朝鮮を統一（936）
938	空也上人，念仏をひろめる			
		北宋		・宋おこる（960）
985	源信，『往生要集』			・神聖ローマ帝国の成立（962）
1053	平等院鳳凰堂建立			・王安石の改革始まる（宋 1069）
	末法思想さかんになる			・カノッサの屈辱（1077）
	このころ法界寺阿弥陀堂建立			
	このころ『栄華物語』できる			・第1回十字軍遠征（1096～99）
1124	中尊寺金色堂建立			・北宋，金に滅ぼされ，南宋おこる（1127）
1164	清盛，厳島神社に写経32巻（「平家納経」）を奉納する			・第2回十字軍（1147～49）
1175	法然，浄土宗を開く	南宋		
				・宋，道学を禁止（1183）
1191	栄西，禅宗をひろめる			・第3回十字軍（1189～92）
1198	法然，『選択本願念仏集』			
1199	東大寺南大門・同三月堂建立			
1205	『新古今和歌集』			・チンギス=ハン即位（1206）
1207	浄土宗，禁止される			・マグナカルタ（大憲章）制定（1215）
1220	慈円『愚管抄』			・チンギス=ハンの西征（1219～24）
				・第5回十字軍（1228～29）
1227	道元，曹洞宗を伝える			・モンゴル，高麗へ侵入（1231）
1244	永平寺建立			・イギリス議会創設（1265）
1253	日蓮，鎌倉で日蓮宗を唱える 建長寺建立			
1260	日蓮『立正安国論』			・マルコ=ポーロ，中国（元）にきたる（1275）
1275	このころ一遍，時宗を開く			・南宋滅びる（1279）
1285	円覚寺舎利殿建立			
1293	「蒙古襲来絵詞」			
1299	「一遍聖絵」	元		・フランスで三部会召集（1302）
1309	「春日権現験記絵巻」			・イタリアでルネサンスおこる

時代	西暦	年号	天皇	将軍	政　治　・　経　済　・　社　会
南北朝時代	1334	建　武　2	後醍醐		建武の新政
	1335	2	〃		中先代の乱　足利尊氏挙兵
	1336	延　元　1	〃		尊氏，光明院を擁立　建武式目17条制定
			（光　明）	将　軍	後醍醐天皇，吉野へ逃れる
	1338	3 （暦応1）	〃 （〃）	足利尊氏	足利尊氏，征夷大将軍となる
	1341	興　国　2 （暦応4）	後村上 （光　明）	〃	足利直義，天竜寺船を元に遣わす
	1378	天　授　4 （永和4）	長　慶 （後円融）	足利義満	足利義満，室町に花の御所造営
	1391	元　中　8 （明徳2）	後亀山 （後小松）	〃	山名氏清挙兵（明徳の乱）
	1392	元　中　9 （明徳3）	〃 （〃）	〃	南北朝合一
室町時代	1393	明　徳　4	後小松	〃	土倉・酒屋役を設ける
	1399	応　永　6	〃	足利義持	大内義弘挙兵（応永の乱）
	1404	11	〃	〃	義満，明の勘合を得る
	1419	応　永26	称　光	〃	朝鮮，対馬を襲う（応永の外寇）
	1423	30	〃	足利義量	幕府，足利持氏と争う
	1428	正　長　1	後花園	（空位）	正長の土一揆
	1429	永　享　1	〃	足利義教	尚巴志，琉球を統一（琉球王国）
	1439	永　享11	〃	〃	幕府，足利持氏を討つ（永享の乱）
	1441	嘉　吉　1	〃	〃	将軍義教，赤松満祐に殺される（嘉吉の乱）
戦国時代	1447	文　安　4	〃	〃	徳政一揆（山城国）
	1454	享　徳　3	〃	足利義政	享徳の土一揆
	1455	康　正　1	〃	〃	足利成氏，下総古河に敗走（古河公方）
	1457	長　禄　1	〃	〃	義政，弟政知を伊豆堀越におく（堀越公方）
	1467	応　仁　1	後土御門	〃	応仁・文明の乱（～77）
	1473	文　明　5	〃	足利義尚	山名持豊（宗全）・細川勝元死す
	1485	17	〃	〃	山城国一揆
	1488	長　享　2	〃	〃	加賀一向一揆，守護富樫政親を自殺させる
	1495	明　応　4	〃	足利義澄	北条早雲（伊勢宗瑞），小田原を領有
	1500	9	〃	〃	幕府，はじめて撰銭令を出す
	1510	永　正　7	後柏原	足利義稙	三浦の乱おこる（朝鮮）
	1523	大　永　3	〃	足利義晴	細川・大内両氏，明の寧波で争う
	1536	天　文　5	後奈良	〃	伊達氏，塵芥集制定　天文法華の乱
	1543	12	〃	〃	ポルトガル人，種子島に漂着，鉄砲伝来（1542？）
	1547	16	〃	足利義輝	武田氏，信玄家法制定
	1549	18	〃	〃	ザビエル，キリスト教を伝える
	1560	永　禄　3	正親町	〃	桶狭間の戦い
	1561	4	〃	〃	上杉・武田，川中島の合戦（1553～64に5回の合戦）
	1568	11	〃	足利義栄	織田信長，義昭を奉じて入京
	1573	天　正　1	〃	足利義昭	室町幕府滅びる　浅井・朝倉両氏滅びる
安土・桃山時代	1575	3	〃	政権の担当者	長篠の戦い
	1576	4	〃		信長，安土城を築く
	1577	5	〃	織田信長	信長，雑賀一揆を討つ　安土を楽市とする
	1580	8	〃	〃	本願寺，大坂を退く　信長の検地
	1582	10	〃	豊臣秀吉	天正遣欧使節ローマへ出発　本能寺の変　太閤検地が始まる
	1583	11	〃	〃	秀吉，大坂城を築く　賤ケ岳の戦い
	1584	12	〃	〃	小牧・長久手の戦い　スペイン船平戸入港
	1587	15	後陽成	〃	秀吉，九州を平定　秀吉，バテレン追放令発布
	1588	16	〃	〃	秀吉，聚楽第に天皇を招く　刀狩令発布
	1590	18	〃	〃	秀吉，小田原の北条氏を滅ぼす（全国統一）
	1591	19	〃	〃	秀吉，身分統制令を発布する
	1592	文　禄　1	〃	〃	秀吉，朝鮮侵略（文禄の役）
	1597	慶　長　2	〃	〃	秀吉，朝鮮へ再侵略（慶長の役）
	1600	5	〃	〃	関ヶ原の戦い　オランダ船リーフデ号，豊後に漂着
江戸時代	1603	8	〃	将　軍	徳川家康，征夷大将軍となる
	1604	9	〃	徳川家康	糸割符制を制定　諸街道に一里塚を築く
	1609	14	〃	徳川秀忠	島津氏，琉球へ出兵　オランダ，平戸にて貿易開始
	1610	15	〃	〃	家康，田中勝介をノビスパンに派遣
	1613	18	後水尾	〃	支倉常長，ローマへ出発　イギリス，平戸にて貿易開始
	1614	19	〃	〃	大坂冬の陣
	1615	元　和　1	〃	〃	大坂夏の陣　武家諸法度・禁中並公家諸法度を制定

西暦	文化	中国	朝鮮	世界の動向
1339	北畠親房『神皇正統記』	元	高麗	・英仏，百年戦争（1338～1453） ・イギリス議会，上下両院に分かれる（1341）
1356	二条良基『菟玖波集』			・元滅び，明おこる（1368） ・李成桂，倭寇を撃退（1380） ・李成桂，朝鮮（李朝）を建国（1392）
1397	義満，金閣を建てる			
1400	世阿弥『風姿花伝』書き始める		朝鮮	・フス刑死（1415） ・ドイツでフス戦争おこる（1419～36） ・このころ，ルネサンス盛期
1439	上杉憲実，足利学校再興			・グーテンベルク，活版印刷術を発明（1445ころ） ・オスマン帝国，東ローマ帝国を滅ぼす（1453）
1467	雪舟，入明			
1482	義政，銀閣造営に着手する			・ディアス，喜望峰に到達（1488） ・コロンブス，アメリカに到達（1492） ・ガマ，インドに達する（1498）
1495	宗祇『新撰菟玖波集』			
1518	『閑吟集』	明		・ルターの95か条の論題（宗教改革のいとぐち）（1517） ・マゼラン一行世界周航（1519～22） ・イエズス会（ヤソ会）創立（1534） ・カルヴァン，宗教改革をおこす（1541）
1550	ザビエル，平戸・京都・山口で伝道			・ポルトガル，マカオを居留地とする（1557）
1559	ガスパル=ビレラ，京都で伝道			
1568	京都南蛮寺（永禄寺）建立			・スペイン，マニラ市建設（1571）
1569	ルイス=フロイス，信長に謁見			
1574	信長，狩野永徳の「洛中洛外図屏風」を上杉氏に贈る			
1583	「織田信長像」狩野元秀			・オランダ連邦共和国独立宣言（1581） ・マテオ=リッチ，マカオに上陸（1582） ・イギリス，スペイン無敵艦隊を破る（1588） ・ブルボン王朝始まる（1589）
1587	聚楽第成る			
1593	天草本『伊曽保物語』			・イギリス，東インド会社設立（1600）
1602	「山水図屏風」海北友松			・オランダ，東インド会社設立（1602） ・セルバンテス『ドン=キホーテ』（1605）
1609	姫路城完成			
1614	幕府，高山右近などキリシタン信者を国外追放			・清教徒，メイフラワー号で北米プリマスへ移住（1620） ・白蓮教徒の乱（明 1622）

時代	西暦	年号	天皇	将軍	政治・経済・社会
	1624	寛永1	後水尾	徳川家光	スペイン船の来航禁止
	1629	6	明正	〃	紫衣事件・沢庵流される
	1631	8	〃	〃	奉書船制度始める
	1633	10	〃	〃	奉書船以外の海外渡航禁止　海外渡航者の帰国禁止
	1635	12	〃	〃	外国貿易を長崎に限定　海外渡航禁止　在外邦人帰国厳禁 参勤交代の制を定める
	1637	14	〃	〃	島原・天草の乱（一揆）　五人組制を強化する
	1639	16	〃	〃	外国貿易を禁じ，ポルトガル人来航を禁止
	1641	18	〃	〃	オランダ商館を長崎の出島に移す
	1643	20	後光明	〃	田畑永代売買禁止令を発布
	1651	慶安4	〃	徳川家綱	慶安の変
	1673	延宝1	霊元	〃	分地制限令を発布　イギリスの通商拒否
	1687	貞享4	東山	徳川綱吉	生類憐みの令を発布
	1695	元禄8	〃	〃	幕府，金銀貨の改鋳
	1710	宝永7	中御門	徳川家宣	閑院宮家創立（新井白石）
	1714	正徳4	〃	徳川家継	新井白石，貨幣を改鋳（正徳金）
	1715	5	〃	〃	海舶互市新例を発布（正徳新令）
	1716	享保1	〃	徳川吉宗	享保の改革始まる
	1719	4	〃	〃	相対済し令発布
	1722	7	〃	〃	上米の制　新田開発の奨励　小石川養生所開設
	1723	8	〃	〃	出羽幕府領で一揆おこる　足高の制
	1732	17	〃	〃	西日本に大飢饉おこる
江	1742	寛保2	桜町	〃	公事方御定書編集　関東地方大水害
	1765	明和2	後桜町	徳川家治	上武信三国伝馬騒動（20万人参加）
	1767	4	〃	〃	明和事件（山県大弐処刑，竹内式部流刑）
	1769	6	〃	〃	田沼意次，老中格となる
	1778	安永7	後桃園	〃	ロシア船，蝦夷地に来航し通商を求める
	1783	天明3	光格	〃	諸国に飢饉おこる　大坂で打ちこわし
戸	1786	6	〃	〃	最上徳内，千島を探検し，得撫に至る
	1787	7	〃	徳川家斉	江戸・大坂で打ちこわし　松平定信，老中筆頭となる 倹約令発布
	1789	寛政1	〃	〃	棄捐令を発布
	1790	2	〃	〃	石川島に人足寄場を設置　異学の禁　帰農令
	1792	4	〃	〃	林子平処罰される　ロシア使節ラクスマン根室に来航
	1798	10	〃	〃	近藤重蔵，蝦夷地を探検
	1800	12	〃	〃	伊能忠敬，蝦夷地を測量する
	1804	文化1	〃	〃	ロシア使節レザノフ，長崎に来航
	1806	3	〃	〃	文化露寇（〜07）
時	1808	5	〃	〃	間宮林蔵，樺太探検　フェートン号事件
	1825	文政8	仁孝	〃	異国船打払令を発布
	1829	12	〃	〃	シーボルト追放される
	1836	天保7	〃	〃	諸国に大飢饉　甲斐・三河などで百姓一揆おこる
	1837	8	〃	徳川家慶	大塩平八郎の乱　モリソン号事件
	1839	10	〃	〃	渡辺崋山・高野長英投獄
代	1841	12	〃	〃	天保の改革始まる　株仲間解散令
	1842	13	〃	〃	異国船打払令を止め，薪水給与令を発布
	1843	14	〃	〃	人返し令　印旛沼干拓　上知令　水野忠邦失脚
	1844	弘化1	〃	〃	オランダ国王，開国をすすめる
	1851	嘉永4	孝明	〃	十組問屋，株仲間再興令
	1853	6	〃	徳川家定	ペリーが浦賀，プチャーチンが長崎に来航
	1854	安政1	〃	〃	日米和親条約成立（日英・日露）
	1856	3	〃	〃	米国総領事ハリス，下田に着任
	1858	5	〃	〃	日米修好通商条約調印
	1859	6	〃	徳川家茂	安政の大獄　神奈川（横浜）・長崎・箱館を開港
	1860	万延1	〃	〃	桜田門外の変　新見正興，渡米し条約批准 五品江戸廻送令　米国通訳官ヒュースケン殺害
	1862	文久2	〃	〃	坂下門外の変　和宮降嫁　生麦事件
	1863	3	〃	〃	長州藩の外国船砲撃　英艦，鹿児島砲撃　幕府文久の改革
	1864	元治1	〃	〃	禁門の変　四国連合艦隊，下関砲撃 第一次長州征討
	1866	慶応2	〃	徳川慶喜	薩長同盟成立　第二次長州征討
	1867	3	明治	〃	慶喜，大政奉還　王政復古の大号令　ええじゃないか

西暦	文化	中国	朝鮮	世界の動向
1626	「二条城襖絵」狩野探幽	明		・権利の請願（イギリス　1628）
1636	日光東照宮陽明門建立			・後金，国号を大清国と改める（1636） ・デカルト『方法序説』（1637）
1641	「大徳寺襖絵」狩野探幽			・明滅び，清の中国支配始まる（1644） ・イギリス，クロムウェルの共和政治 　（1649〜58） ・鄭成功，台湾を占領（1661）
1685	貞享暦の実施		朝	
1688	西鶴『日本永代蔵』			・イギリス名誉革命（1688）
1690	聖堂を湯島に移す			・ネルチンスク条約（ロシア・清）（1689）
1696	宮崎安貞『農業全書』			
1712	新井白石『読史余論』を講ず			・スペイン継承戦争（1701〜1713）
1715	近松門左衛門『国性（姓）爺合戦』の初演			・『康熙字典』完成（1716）
1753	安藤昌益『自然真営道』	清		・モンテスキュー『法の精神』（1748）
1754	山脇東洋ら，人体を解剖させ，解剖図を描かせる			・イギリス，カナダ支配（1760）
1764	平賀源内，火浣布をつくる			・ルソー『社会契約論』（1762）
1765	鈴木春信，錦絵を創始			・イギリスで産業革命進行（1770年代〜1830年代）
1771	杉田玄白ら小塚原で解剖に立ち会う			・ワット，蒸気機関改良（1765）
1774	前野良沢ら『解体新書』			・アメリカ独立宣言（1776）
1776	平賀源内，エレキテル完成			・アダム=スミス『諸国民の富』（1776）
1783	大槻玄沢『蘭学階梯』			
1791	林子平『海国兵談』			・フランス革命始まる（1789）
1798	本居宣長『古事記伝』			
1802	十返舎一九『東海道中膝栗毛』（〜09）			・ナポレオンの帝政（1804〜14） ・白蓮教徒の乱平定（清　1805）
1809	式亭三馬『浮世風呂』			
1815	杉田玄白『蘭学事始』			・ナポレオンのロシア遠征（1812）
1819	塙保己一『群書類従』刊行			・神聖同盟成立（1815）
1821	伊能忠敬「大日本沿海輿地全図」		鮮	・アメリカ，モンロー宣言（1823） ・パリ，七月革命（1830）
1838	渡辺崋山『慎機論』			・アヘン戦争（1840〜42） ・カリフォルニアで金鉱発見（アメリカ　1848） ・パリ二月革命（1848） ・マルクス『共産党宣言』（1848） ・太平天国の乱（1851〜64）
1855	洋学所を設置			・クリミア戦争（1853〜56）
1856	洋学所を蕃書調所と改称			・パリ平和条約成立（1856） ・アロー号事件（清　1856） ・イギリス，インドの直接統治開始（1858） ・ダーウィン『種の起源』（1859） ・イタリア王国成立（1861）
1862	「官板バタビヤ新聞」創刊			・アメリカ南北戦争（1861〜65）
1862	蕃書調所を洋書調所と改称			
				・普墺戦争（1866）

時代	西暦	年号	天皇	総理大臣	政治・経済・社会
明治時代	1868	明治1	明治		戊辰戦争　五箇条の誓文　江戸を東京に改める
	1869	2	〃		版籍奉還　農民一揆多発
	1871	4	〃		廃藩置県　身分解放令　岩倉具視らを米欧に派遣
	1872	5	〃		田畑永代売買の禁を解く　学制制定　富岡製糸場開業
	1873	6	〃		徴兵令発布　地租改正条例　征韓論で政府分裂　地租軽減一揆　徴兵反対一揆
	1874	7	〃		民撰議院設立建白書　佐賀の乱　台湾出兵　立志社創立
	1875	8	〃		大阪会議　愛国社創立　樺太・千島交換条約調印　江華島事件　元老院・大審院・地方官会議設立　讒謗律制定　新聞紙条例改正
	1876	9	〃		日朝修好条規　廃刀令　家禄廃止　神風連・秋月・萩の乱　地租軽減要求の一揆
	1877	10	〃		西南戦争　地租を2.5%に軽減
	1878	11	〃		三新法制定　高島炭坑大暴動
	1879	12	〃		教育令制定
	1880	13	〃		集会条例　国会開設の請願書提出
	1881	14	〃		国会開設の詔　明治十四年の政変　自由党結成
	1882	15	〃		改進党結成　壬午軍乱　日本銀行設立　福島事件
	1884	17	〃		群馬・加波山・秩父事件　甲申政変
	1885	18	〃	伊藤博文	清国と天津条約を結ぶ　内閣制度創始
	1886	19	〃	〃	学校令発布　第1回条約改正会議
	1887	20	〃	〃	大同団結運動　保安条例（570名追放）
	1888	21	〃	黒田清隆	市制・町村制公布　枢密院設置
	1889	22	〃	〃	大日本帝国憲法発布　東海道線全通
	1890	23	〃	山県有朋	第1回衆議院議員選挙　教育勅語発布　第1回帝国議会
	1891	24	〃	松方正義	大津事件　足尾銅山鉱毒問題，議会に提出
	1894	27	〃	伊藤博文	日英新通商航海条約調印　日清戦争（～95）
	1895	28	〃	〃	下関講和条約調印　三国干渉
	1897	30	〃	松方正義	労働組合期成会結成　金本位制の確立
	1898	31	〃	大隈重信	保安条例廃止　憲政党内閣組織
	1900	33	〃	山県有朋	治安警察法制定　立憲政友会組織
	1901	34	〃	伊藤博文	八幡製鉄所操業開始　社会民主党結成
	1902	35	〃	桂太郎	日英同盟成立（1923失効）
	1904	37	〃	〃	日露戦争（～05）
	1905	38	〃	〃	ポーツマス条約調印　日比谷焼き打ち事件
	1906	39	〃	西園寺公望	日本社会党結成（翌年解散）　鉄道国有法制定　南満州鉄道株式会社設立
	1907	40	〃	〃	日仏・日露協約調印　足尾・別子銅山暴動
	1908	41	〃	桂太郎	戊申詔書　高平－ルート協定
	1910	43	〃	〃	大逆事件　韓国併合
	1911	44	〃	〃	関税自主権を得て条約改正達成　工場法公布
大正時代	1912	大正1	大正	西園寺公望	友愛会創立　憲政擁護運動（第一次護憲運動）
	1914	3	〃	山本・大隈	ジーメンス事件　第一次世界大戦に参戦
	1915	4	〃	大隈重信	21か条要求
	1917	6	〃	寺内正毅	金輸出禁止　石井-ランシング協定
	1918	7	〃	〃	米騒動　シベリア出兵
	1919	8	〃	原敬	普選運動さかんになる
	1920	9	〃	〃	森戸事件　尼港事件　最初のメーデー
	1921	10	〃	原・高橋	ワシントン会議　四か国条約調印
	1922	11	〃	高橋是清　加藤友三郎	海軍軍縮条約・九か国条約調印　全国水平社結成　日本農民組合結成　日本共産党結成
	1923	12	〃	加藤・山本	関東大震災　摂政宮狙撃事件（虎ノ門事件）
	1924	13	〃	清浦奎吾	第二次護憲運動　護憲三派内閣成立
	1925	14	〃	加藤高明	治安維持法公布　普通選挙制成立
昭和時代	1927	昭和2	昭和	若槻礼次郎	金融恐慌おこる　モラトリアム実施
	1928	3	〃	田中義一	最初の普通選挙実施　日本共産党員検挙　張作霖爆殺
	1930	5	〃	浜口雄幸	金輸出解禁　ロンドン軍縮会議
	1931	6	〃	若槻礼次郎	柳条湖事件（満州事変おこる）
	1932	7	〃	犬養毅	第1次上海事変　満州国を建設　五・一五事件
	1933	8	〃	斎藤実	国際連盟を脱退　滝川事件
	1934	9	〃	岡田啓介	ワシントン条約廃棄
	1935	10	〃	〃	天皇機関説問題　東北地方大凶作
	1936	11	〃	岡田・広田	二・二六事件　日独防共協定結ばれる
	1937	12	〃	近衛文麿	盧溝橋事件（日中戦争始まる）　矢内原事件　南京事件
	1938	13	〃	〃	国家総動員法公布　張鼓峰事件
	1939	14	〃	平沼・阿部	ノモンハン事件　賃金統制令　価格等統制令

西暦	文化	中国	朝鮮	世界の動向
1868	神仏分離令　廃仏毀釈運動	清	朝鮮	・スエズ運河完成（1869） ・普仏戦争（1870～71）
1869	電信開通（東京・横浜間）			
1870	大教宣布「横浜毎日新聞」発行			・ドイツ帝国成立（1871） ・パリ-コミューン成立（1871）
1871	郵便規則制定　文部省をおく			
1872	太陽暦採用　福沢諭吉『学問のすゝめ』（～76）　鉄道開通（新橋―横浜間）			
1873	明六社設立			
1874	「明六雑誌」			
1875	福沢諭吉『文明論之概略』			
1876	工部美術学校設立			・ベル，電話を発明（1876）
1877	田口卯吉『日本開化小史』			・露土戦争（1877～78）
1879	植木枝盛『民権自由論』			・独・墺・伊三国同盟成立（1882） ・清仏戦争（1884～85）
1882	中江兆民『民約訳解』			
1883	鹿鳴館完成			
1885	坪内逍遥『小説神髄』硯友社創立			
1886	帝国大学令・師範学校令・小学校令・中学校令公布			・イギリス，ビルマを併合（1886） ・フランス領インドシナ連邦成立（1887）
1887	二葉亭四迷『浮雲』「国民之友」創刊　東京美術学校創立			・シベリア鉄道起工（1891）
1888	東京天文台完成　「日本人」創刊			・甲午農民戦争（朝鮮　1894） ・キュリー夫妻，ラジウムを発見（1898）
1890	北里柴三郎，破傷風血清療法発見			
1895	樋口一葉『竹くらべ』			
1896	映画輸入される		大韓帝国	・アメリカ，中国の門戸開放を提議（1899） ・義和団事件（1900）
1897	志賀潔，赤痢菌を発見「ホトトギス」創刊			
1899	「中央公論」創刊			
1900	「明星」創刊			
1902	木村栄，Z項を発見			・ノーベル賞創設（1901） ・ライト兄弟の飛行機，飛行に成功（1903） ・ロシア第一次革命（1905）
1903	幸徳秋水ら「平民新聞」を発行			
1905	夏目漱石『吾輩は猫である』			
1906	島崎藤村『破戒』			
1907	田山花袋『蒲団』第1回文展開催			・三国協商（1907）
1909	自由劇場おこる（新劇）			
1910	「白樺」　石川啄木『一握の砂』			・辛亥革命（中国　1911） ・中華民国成立（1912）
1911	西田幾多郎『善の研究』 「青鞜」 南北朝正閏問題おきる			
1912	美濃部達吉『憲法講話』	中華民国	日本領朝鮮	・第一次世界大戦（1914～18） ・パナマ運河完成（1914） ・中国全土に排日運動高まる（1915） ・三月・十一月革命（ロシア　1917） ・パリ講和会議（1919） ・二・一独立運動（万歳事件）（朝鮮　1919） ・五・四運動（中国　1919） ・国際連盟成立（1920） ・ワシントン会議（1921・22） ・ソヴィエト社会主義共和国連邦成立（1922）
1914	東京駅完成			
1916	河上肇『貧乏物語』			
1917	沢田正二郎，新国劇独立公演			
1918	「赤い鳥」			
1921	志賀直哉『暗夜行路』「種蒔く人」			
1924	築地小劇場開場 メートル法実施			・ジュネーヴ軍縮会議（米・英・日）（1927） ・蔣介石の国民政府成立（1927） ・世界恐慌始まる（1929） ・ロンドン軍縮会議（1930） ・ドイツ，国際連盟脱退（1933） ・ヒトラー，ドイツ総統となる（1934） ・イタリア，エチオピア侵入（1935） ・西安事件（中国　1936）
1925	ラジオ放送始まる 細井和喜蔵『女工哀史』			
1926	川端康成『伊豆の踊子』			
1929	小林多喜二『蟹工船』			
1931	国産トーキー始まる			
1937	文化勲章の制度始まる（第1回受賞者，長岡半太郎ら9人）文部省『国体の本義』			・独ソ不可侵条約（1939） ・第二次世界大戦（1939～45）

時代	西暦	年号	天皇	総理大臣	政 治・経 済・社 会
昭和時代	1940	昭和15	昭和	近衛文麿	三国同盟調印　大政翼賛会創立
	1941	16	〃	近衛・東条	日ソ中立条約　アジア太平洋戦争始まる
	1942	17	〃	東条英機	シンガポール占領　ミッドウェー海戦　食糧管理法公布
	1944	19	〃	小磯国昭	連合国軍反撃，本土空襲激化
	1945	20	〃	鈴木貫太郎	広島・長崎に原子爆弾投下　ポツダム宣言受諾
			〃	東久邇宮	治安維持法廃止　財閥解体指令　第一次農地改革
	1946	21	〃	幣原喜重郎 吉田　茂	天皇の人間宣言　公職追放令　総選挙　極東国際軍事裁判開廷　第二次農地改革　日本国憲法公布
	1947	22	〃	〃	二・一ゼネスト中止　教育基本法制定　日本国憲法施行
	1948	23	〃	芦田・吉田	教育委員会法公布　経済安定九原則発表
	1949	24	〃	吉田　茂	ドッジ-ライン発表　下山・三鷹・松川事件
	1950	25	〃	〃	警察予備隊設置
	1951	26	〃	〃	ILO加盟　サンフランシスコ平和条約調印　日米安全保障条約調印
	1952	27	〃	〃	日米行政協定調印　メーデー事件　保安隊発足
	1953	28	〃	〃	全国各地に基地反対闘争おこる　スト規制法公布
	1954	29	〃	〃	第五福竜丸放射能をあびる　日米相互防衛援助（MSA）協定調印　教育二法公布　防衛庁・自衛隊発足
	1955	30	〃	鳩山一郎	GATTに加入　日米原子力協定調印　55年体制成立
	1956	31	〃	〃	教育委員を任命制にする　砂川基地闘争　日ソ共同宣言調印
				石橋湛山	国際連合に加盟
	1957	32	〃	岸　信介	日ソ通商条約調印
	1960	35	〃	〃	日米新安全保障条約調印　安保反対闘争激化
	1961	36	〃	池田勇人	農業基本法成立
	1962	37	〃	〃	ガリオア-エロア協定調印
	1963	38	〃	〃	原水禁大会分裂する
	1964	39	〃	〃	IMF 8条国に移行する　OECDに加盟
	1965	40	〃	佐藤栄作	日韓基本条約調印　同和対策審議会答申
	1969	44	〃	〃	同和対策事業特別措置法制定　大学運営臨時措置法成立
	1970	45	〃	〃	核拡散防止条約調印　公害対策基本法改正
	1971	46	〃	〃	沖縄返還協定調印　環境庁発足　円切り上げ
	1972	47	〃	田中角栄	日中国交正常化
	1973	48	〃	〃	水俣病裁判で患者側勝訴　金大中事件　石油危機
	1976	51	〃	三木武夫	ロッキード事件おこる
	1978	53	〃	福田赳夫	日中平和友好条約調印　構造不況強まる
	1979	54	〃	大平正芳	第2次石油危機　元号法成立
	1981	56	〃	鈴木善幸	最高裁，性別による定年制の差別を無効と判決
	1982	57	〃	〃	日本の教科書検定に中国・韓国など抗議
	1984	59	〃	中曽根康弘	韓国大統領，国家元首として初来日
	1985	60	〃	〃	日本電信電話公社・日本専売公社の民営化　プラザ合意
	1986	61	〃	〃	男女雇用機会均等法施行
	1987	62	〃	〃	国鉄の民営化
	1988	63	〃	竹下　登	リクルート事件発覚
平成	1989	平成1	（今上）	竹下・宇野・海部	昭和天皇崩御，平成と改元　消費税実施　参議院議員選挙で与野党の勢力が逆転　総評解散，連合・全労連に分離
	1991	3	〃	海部俊樹	日朝国交交渉始まる　自衛隊掃海艇ペルシャ湾に派遣
	1992	4	〃	宮沢喜一	国連平和維持活動等協力法成立　自衛隊カンボジア派遣
	1993	5	〃	細川護熙	連立政権成立，自民党政権倒れる
	1994	6	〃		衆議院議員選挙制度改革
	1995	7	〃	村山富市	阪神・淡路大震災　地下鉄サリン事件
	1996	8	〃	橋本龍太郎	沖縄県の米軍基地縮小についての県民投票実施
	1997	9	〃		アイヌ文化振興法成立
	1999	11	〃	小渕恵三	米の関税化実施　情報公開法成立　国旗・国歌法成立
	2001	13	〃	森　喜朗	中央省庁改編（12省庁となる）
	2002	14	〃	小泉純一郎	初の日朝首脳会談
	2003	15	〃		有事関連三法・イラク復興支援特別措置法成立
	2004	16	〃		自衛隊をイラクに派遣　有事関連法制が整えられる
	2005	17	〃		郵政民営化法成立
	2006	18	〃	安倍晋三	教育基本法改正
	2007	19	〃		防衛庁，防衛省に昇格　国民投票法成立
	2009	21	〃	麻生太郎	裁判員制度始まる　衆議院議員選挙で民主党圧勝
	2011	23	〃	菅　直人	東日本大震災おこる
	2012	24	〃	野田佳彦 安倍晋三	社会保障・税一体改革関連法成立　民主党衆議院議員選挙で大敗，自民党安倍内閣成立
	2013	25	〃	〃	特定秘密保護法成立
	2015	27	〃	〃	選挙権年齢「18歳以上」に引き下げ　安全保障関連法成立

西暦	文化	中国	朝鮮	世界の動向
1940	皇紀二六〇〇年式典	中華民国	日本領朝鮮	・ドイツ，パリ侵入（1940）
1941	国民学校令			・独・ソ開戦（1941）
1942	大日本言論報国会結成			・イタリア，無条件降伏（1943）
				・ヤルタ会談・ポツダム会談（1945）
				・ドイツ，無条件降伏（1945）
				・国際連合成立（1945）
1946	第1回日展開催 第1回芸術祭開催			・インドシナ戦争始まる（1946～54）
				・マーシャル-プラン発表（1947）
				・コミンフォルム結成（1947）
1948	太宰治『人間失格』			・大韓民国成立（1948）
1949	「法隆寺金堂壁画」焼損 湯川秀樹，ノーベル物理学賞受賞			・朝鮮民主主義人民共和国成立（1948） ・北大西洋条約機構（NATO）成立（1949） ・中華人民共和国成立（1949）
1950	金閣焼失			・平和擁護世界会議委員会開催（ストックホルム 1950）
1951	児童憲章成立 ユネスコに加入			・朝鮮戦争（1950～53）
1953	テレビ放送開始			・アメリカ，ビキニで第1回水爆実験（1954）
1955	第1回日本母親大会開催 第1回原水爆禁止世界大会(広島)			・アジア・アフリカ会議（1955） ・ワルシャワ条約機構成立（1955）
1956	週刊誌ブーム始まる 南極観察隊，昭和基地建設			・スエズ動乱（1956） ・ハンガリー事件（1956）
1958	東京タワー完成			・ソ連，人工衛星第1号打ち上げに成功（1957）
1959	国立西洋美術館開館			・キューバ革命おこる（1959）
1960	カラーテレビ放送開始			・EEC発足（1958）
1963	東海村で原子力発電開始		大韓民国 朝鮮民主主義人民共和国	
1964	東海道新幹線開業 東京オリンピック開催	中華人民共和国（台湾）		・キューバ危機（1962） ・中ソ対立表面化（1962）
1965	朝永振一郎，ノーベル物理学賞受賞			・中東戦争（1967） ・EC発足（1967）
1968	文化庁設置　川端康成，ノーベル文学賞受賞			・中華人民共和国，国連の代表権を得る（1971） ・アメリカ大統領，中国訪問（1972）
1970	大阪万国博覧会開催			・ヴェトナム和平協定調印（1973）
1972	札幌冬季オリンピック開催 高松塚古墳壁画発見			・第四次中東戦争（1973） ・米中国交正常化（1979）
1974	佐藤栄作，ノーベル平和賞受賞			・中越戦争（1979）
1975	沖縄国際海洋博覧会開催			・エジプト・イスラエル平和条約調印（1979）
1978	稲荷山古墳出土鉄剣銘発見			・イラン・イラク戦争（1980～88）
1981	常用漢字表を決定　福井英一，ノーベル化学賞受賞			・世界各地に大規模な反核運動おこる（1981） ・ソ連にゴルバチョフ政権成立（1985）
1982	日本語ワープロはじめて発売			・ゴルバチョフ，ペレストロイカ開始（1986）
1983	コンピュータプログラムに著作権が認められる			・フィリピンで政変（1986） ・ソ連のチェルノブイリ原発事故（1986）
1984	日本初の体外受精児誕生 新札発行			・米ソ，INF全廃条約締結（1987） ・中国で天安門事件おこる（1989）
1986	吉野ヶ里遺跡の発掘（～89）			・米ソ，冷戦の終結を確認（1989）
1987	利根川進，ノーベル生物学賞受賞			・東欧に政変つづく（1989） ・東西ドイツ統合（1990） ・湾岸戦争（1991） ・ソ連解体（1991）
1993	法隆寺・姫路城世界遺産登録			・ヨーロッパ連合（EU）成立（1993） ・旧ユーゴスラヴィア内戦停戦へ（1995） ・包括的核実験禁止条約，国連で採択（1996）
1998	長野冬季オリンピック開催			・イギリス，香港を中国に返還（1997）
1999	富本銭出土			・EU，統一通貨ユーロを導入（1999） ・韓国・北朝鮮，初の首脳会談開催（2000） ・アメリカで同時多発テロ事件おこる（2001） ・アメリカ軍などアフガニスタン攻撃（2001）
2002	日韓共催でサッカーワールドカップ大会開催			・イラク戦争（2003） ・北朝鮮，核実験実施（2006，09，13年にも） ・6か国協議で北朝鮮の核施設稼働停止などで合意（2007）
2005	愛知県で日本国際博覧会開催			・アメリカの金融危機が世界市場へ広がる（2008）
2011	女子サッカーなでしこ，ワールドカップ優勝			・エジプト・リビアで独裁政権が倒される（2011） ・国連総会で「パレスティナは国家」決議採択（2012）
2012	スカイツリー開業			・アメリカとキューバが国交回復（2015）

写真提供 (50音順)

TNM Image Archives　アフロ　共同通信社　悠工房

阿部泉　和泉市久保惣記念美術館　教王護国寺　清水寺　宮内庁三の丸尚蔵館　公益財団法人 致道博物館　高野山霊宝館　国立公文書館　国立歴史民俗博物館　真正極楽寺　聖徳記念絵画館　大本山 石山寺　中宮寺/飛鳥園　東大寺　東京国立博物館　徳川美術館　古島松之助　遊行寺　早稲田演劇博物館（作品番号：118-0013）

編集／DTP	株式会社　オルタナプロ
DTPデザイン	有限会社　エム・サンロード
装丁デザイン	上迫田　智明

謎トキ日本史
写真・絵画が語る歴史

2016年 9月15日　　初版発行

編　著	日本史視覚教材研究会・阿部 泉
発行者	渡部 哲治
発行所	株式会社 清水書院
	〒102-0072
	東京都千代田区飯田橋3-11-6
	電話　03-(5213)-7151
印刷所	図書印刷 株式会社
製本所	図書印刷 株式会社

定価はカバーに表示

●落丁・乱丁本はお取り替えいたします。

本書の無断複写は著作権法上での例外を除き禁じられています。複写される場合は、そのつど事前に、(社) 出版者著作権管理機構（電話 03-3513-6969、FAX03-3513-6979、e-mail：info@jcopy.or.jp）の許諾を得てください。

ISBN 978-4-389-22584-1　　　　Printed in Japan